Io non me lo ricordo. Ero troppo piccola, anche per arrivare alla finestra. Per questo stavo in piedi su una sedia, di fronte ai vetri aperti. Guardavo la città passare. Era la mattina del 4 novembre 1966, l'Arno aveva rotto gli argini e allagato la città. Abitavamo in una casa che dava le spalle al fiume, a pochi metri dal ponte San Niccolò. L'acqua si era portata via la nostra macchina, e tutto quello che conteneva la cantina, ma eravamo stati fortunati. Non avevamo il fango a riempire le stanze.

Nelle case di Firenze si vede il segno lasciato dall'acqua del fiume nei due giorni che ristagnò. Malgrado le imbiancature, sui muri continua ad affiorare dispettosa una linea scura. O altri segni. Prese della corrente otturate per sempre, pavimenti di legno che scricchiolano, le cui assi, bagnate e sventrate, non sono più riuscite a compattarsi per bene. Porte che non chiudono, perché finite per sempre fuori squadro.

Molti palazzi espongono all'esterno la loro linea dell'acqua. Centinaia di lapidi appese recitano: qui arrivò la piena del fiume quel giorno... Alcune, crescendo, le ho quasi raggiunte. Allungando le mani verso l'alto adesso le posso toccare. Sono quelle più lontane dal fiume, dove l'onda è arrivata già stanca. Se ci passo adesso, è come entrare nell'ascensore di una casa che hai abitato da bambina. Ti sembra incredibile poter spingere il tasto del quinto piano, che consideravi irraggiungibile.

Dove abitavamo noi, alle spalle dell'Arno, l'acqua aveva raggiunto quasi cinque metri. E scrosciando si portava via macchine, mobili, alberi, carcasse di animali, biciclette, il contenuto dei negozi le cui saracinesche erano state divelte dalla spinta della corrente. L'alluvione non è lenta, non sono piazze trasformate di colpo in placidi e incongrui laghetti. È un'enorme secchiata, uno tsunami la cui violenza strappa via ogni ostacolo si frapponga alla sua corsa cieca.

Sotto le finestre dalle quali si affacciava una bambina bionda, tenuta stretta per il vestitino dalla madre, l'onda vorticava. A galla nuotava una città sdraiata, poggiata su un fianco. Come avessero invertito la prospettiva e per vederla dritta adesso bisognasse piegare la testa, poggiarla su un cuscino. La città quella mattina era come il sogno di una bambina coricata.

I fiumi a volte sono silenziosi. In alcune città quasi non li vedi. Altre volte sono talmente scodinzolanti che non disegnano niente, nella topografia di una città, tranne il loro andamento. L'Arno è un fiume volitivo e dritto, passa in mezzo come una sciabolata. Più di ogni altra divisione, in città, funziona quella del fiume. Le due parti in cui divide Firenze si chiamano Diquaddarno e Diladdarno.

Da molti anni non vivo più a Firenze, ma ci torno spesso. Arrivo col treno da sud, conosco a memoria il percorso. Non mi serve controllare l'orologio per accorgermi che stiamo arrivando, e neanche guardare fuori dal finestrino. So quando è arrivato il momento di infilare le mie cose in borsa, tirare giù il cappotto. Coprirsi bene perché sono di nuovo al nord, spogliarsi di tutto quando è estate, perché il caldo di Firenze colpisce duro.

Quel segnale è il buio. Ci sono molte gallerie tra Roma e Firenze, lo sappiamo bene noi telefonisti. Ma questa, l'ultima prima di entrare nella stazione di Santa Maria Novella, è diversa. Sembra non finire mai. Dopo un tempo di buio al quale il nostro organismo è abituato, una decina di secondi più o meno, inizi a sentire un po' di inquietudine. Anche se stai leggendo, o ascolti musica, è il corpo stesso che reagisce. Alzi la testa, ti guardi in giro e neanche capisci bene perché. Faticosamente ti si forma in testa un pensiero, poi affiora: ma quant'è lunga questa galleria? Prima che arrivi il panico, torna la campagna.

Bagno a Ripoli, i campi da tennis del Match Ball, Firenze.

Sembra quasi che per entrare in città, almeno arrivando da sud, si debba passare attraverso uno spazio sconosciuto. Come se dovessimo tutti quanti essere bendati, per non riconoscere poi il percorso. Firenze è questa cosa in fondo al buio.

In una pagina del diario di Filippo De Pisis (riportata da Giovanni Comisso in *Mio sodalizio con De Pisis*) l'autore parla del cane della grotta di Pozzuoli. Che il guardiano faceva esibire ogni giorno per i turisti, mandandolo a respirare le esalazioni dell'anidride fin quando, dopo aver danzato ebbro sulle zampe, cadeva a terra di botto. La mia città, scrive il pittore, è per me la grotta. «M'aggiro per le strade come intontito, tento, faccio di tutto per liberarmi della pressione della sua aria. Ogni angolo è infetto. Chi vi arrivi si sente subito afferrato dall'inerzia e dal sonno. Tutto perde colore nel tempo vuoto se io resterò più a lungo nella grotta non avrò più neppur la forza di fuggirne.»

Ogni tanto mi chiedo se sono davvero andata via.

Diquaddarno

1
www.psicosi.it

Quando ero piccola volevo esserci sempre.

Nella testa dei bambini, grazie a un innato istinto di sopravvivenza, si forma subito il pensiero dell'abbandono. Per questo non dormono, si disperano se lasciati in una stanza da soli. Sanno di essere appesi a un unico chiodo sospeso sul nulla, e quel chiodo sono i genitori. E ci si aggrappano con tutta la loro forza.

Senza la ragnatela di relazioni, impegni, progetti dell'età adulta, dentro la quale poi finiamo prigionieri e dalla quale passiamo il resto della vita a volerci svincolare, siamo niente. È quell'inferno ingestibile delle responsabilità che ci garantisce di essere vivi, che testimonia la nostra esistenza. Memoria e affetto, rancori, desiderio, interessi. Le persone e le cose, amici, amori, compagni di classe, il dentista, la maestra di yoga, il pusher, la donna delle pulizie, la signora da cui facciamo le pulizie, il meccanico e poi contratti, fatture, bolli, ricevute, Sms, tabulati, impegnative, assegni, post-it, *badges* dei congressi, messaggi in segreteria, targhe della macchina, prenotazioni alberghiere, tessere di palestre, indirizzi email, fotografie.

La vita degli adulti può essere verificata da centinaia di controlli incrociati. Ma se i genitori si scordano di un figlio o lo perdono, quel figlio scompare, viene inghiottito nell'orrorifico indistinto dell'esistenza senza nome, bestiale.

Non sono scemi i bambini. Sanno di essere in pericolo, per questo vorrebbero esserci sempre e piangono e si disperano prima di addormentarsi. Ma anche quando i genitori escono di casa senza di loro, o se vengono esclusi da una conversazione, o semplicemente lasciati dietro una porta chiusa.

O almeno era così negli anni sessanta, quando io ero bambina. Adesso che siedono a tavola con i grandi e li seguono quasi ovunque, i bambini hanno nevrosi più raffinate. Tutti abbiamo nevrosi più raffinate rispetto agli anni sessanta. C'è un sito – ce ne saranno molti, ma questo si chiama proprio www.psicosi.it – dove se ne presenta un repertorio.

Le lettere dei ciber-pazienti su www.psicosi.it ribadiscono ciò che l'esperienza di chiunque di noi aveva già intuito: chi soffre, nell'epoca delle separazioni seriali, soffre soprattutto per amore. «Che cos'è questo modo vertiginoso, angosciante, depravato / Di affrontare la vita formando e distruggendo coppie» si chiede Rodrigo García, drammaturgo argentino, in un testo intitolato significativamente *Il bello degli animali è che ti vogliono bene senza chiedere niente*.

Le nostre nevrosi si nutrono della sciagurata disorganizzazione sentimentale di questi anni. Forse, quando abbiamo deciso che separarsi è lecito, avremmo dovuto pensare a cosa fare di quella libertà ottenuta. Limitarsi, come facciamo adesso, a cercare di ridarla indietro in cambio di un nuovo vincolo, prima possibile, come una palla avvelenata, forse non è la migliore soluzione. Dal punto di vista della salute mentale, voglio dire. Della morale non mi intendo e non mi immischio.

Ma questo succede adesso. Allora, al tempo in cui Gino Bramieri faceva la pubblicità delle ciotolone colorate di moplèn e io abitavo in via Arnolfo, in una casa sotto le cui finestre l'Arno sarebbe scrosciato portandosi via le macchine parcheggiate e tutto quello che tenevamo in cantina, noi bambini eravamo più bambini di adesso. Eravamo in un certo senso i primi veri bambini, i bambini prototipo. La nascente società del consumo era a caccia di quelli che sarebbero diventati i «target». Tra questi, ancora incerti sulle gambine da compratori, c'eravamo noi, la nuova gigantesca risorsa del mercato. Squaletti nani, pronti a spalancare le fauci per inghiottire prodotti. Bastava trovare il punto dove stimolarci e saremmo presto stati in grado di influenzare con i nostri desideri le scelte dei genitori, persino su cibi e automobili.

Negli anni sessanta, mentre nella testa dei creativi della Nintendo si formava l'immagine embrionale del bambino coi genitori lavoratori e i pollici sviluppatissimi, io e mio fratello eravamo in camera nostra, a giocare ignari a Subbuteo o con il camper di Barbie.

Per noi, bambini in fase sperimentale, non c'era ancora una produzione fascinosa di abiti e dolciumi. Vestivamo come nanetti. Niente scarpe da ginnastica se non per fare ginnastica, e per coprirsi cappotti come quello del nonno ma di taglia piccola. C'erano gli smarties, e certe gomme da masticare lunghe e sottili, tipo calzascarpe piatto, giallognole e incartate nella carta verde trasparente, o rossa. Altre erano rosa a carro armato, morbidissime, ma se invecchiavano nei bar si coprivano di una equivoca patina bianca, diventavano rigide e si spezzavano. C'era la spuma, la coca-cola (della cui caffeina i nostri genitori pre-salutisti non si preoccupavano molto) e l'aranciata. Per Carnevale, ci vestivamo da olandesina, zorro, pirata, pulcinella, fata, moschettiere, cappuccetto rosso. Niente supereroi o cartoni animati. Nell'asilo dei miei nipoti quest'anno ho visto due Teletubbies (Laa-Laa e Tinky Winky), Tigro, l'amico di Winnie the Pooh, qualche Power Ranger e altra gente della quale io ignoravo l'identità. Le no-

stre maschere erano antiche, uguali a quelle dei nostri genitori. Spesso erano addirittura proprio quelle dei nostri genitori. Io, per esempio, conquistai il mio vestito da fata alla soglia dell'adolescenza. Brandii la mia bacchetta magica un istante prima di cominciare a vergognarmene. Perché per tutti gli anni in cui mi corrispose come taglia, dovetti indossare invece un filologico costume da bavarese, un'eredità della famiglia di mio padre (siciliana). Non fu divertente. Non mi piacque affatto dover rispondere alla domanda: da cosa sei vestita? E più ancora sapere che stavo indossando un costume senza alcun dubbio concepito per un maschio. A tre anni l'identità di genere è vispa e del tutto sprovvista di ironia.

2
i giardinetti

Dopo via Arnolfo ci trasferimmo nella prima delle due case di via dei Della Robbia. Indirizzo che mi dava molto da pensare, a livello di preposizioni articolate. Avrei preferito senz'altro vivere in via Della Robbia, variante neanche tanto peregrina essendo la robbia una pianta dalle cui radici si ricava una polvere usata per colorare le pelli e le stoffe di rosso, polvere il cui commercio è all'origine della fortuna della famiglia di ceramisti in questione, i Della Robbia.

Sfido infatti qualsiasi bambino di tre anni a dire «deidellarobbia» senza inciampare. Avevo però ideato uno stratagemma. Alla domanda dove abiti rispondevo in «viadeidella» e poi, staccato, «robbia». Mi veniva più facile, ma ovviamente non significava niente. Sillabato in questo modo, il mio indirizzo diventava una filastrocca senza senso. Era come avessi risposto che abitavo in via trullallero, in piazza perepepè.

Odiavo quell'indirizzo che mi metteva nelle condizioni di essere considerata una bambina scema, che non sa quel che dice. Che poi era vero. Cos'era questa robbia, e deidella era forse un nome proprio?

Sarebbe stato molto più generoso, da parte dell'amministrazione comunale, intitolare una via a Luca, una ad Andrea, a Giovanni, a Girolamo... un bel reticolato di strade per tutta la famiglia. E non solo per rendere la mia infanzia più serena. Non avrei infatti avuto nessuna difficoltà a rispondere che abitavo in via Luca Della Robbia, dal momento che nelle classi a Firenze non mancano mai un paio di nobilucci, sia pure di basso lignaggio. In città, tutti abbiamo molta confidenza con dei o del o della. Almeno l'avevamo negli anni sessanta. Forse adesso i rapporti sono diversi. I nobili e nobiletti naturalmente fanno meno figli e le loro preposizioni articolate saranno state fagocitate da un appello di Chung, Ajatashatru, Krysztof, Mutu, Pablo... Presto saranno loro a dare i nomi alle nostre strade, e allora sì che saranno guai per i bambini. Ma forse i nuovi bambini cresceranno con una consapevolezza linguistica migliore della nostra. Saranno facilitati dal contatto fin da piccoli con tanti accenti, tanto impaccio nel pronunciare le parole che produrrà una lingua nuova, più viva e allegra.

Là intorno, comunque, ci sarebbero stati benissimo tutti quanti i Della Robbia. Tra Donatello, Giambologna, Masaccio, Andrea del Castagno e addirittura via degli Artisti, se a qualcuno non fosse ancora chiaro di cosa stiamo parlando. Il quartiere a est di piazza Donatello è infatti per gran parte occupato da vecchi studi di pittori, soprattutto nella zona compresa tra via Masaccio e piazza Savonarola. Piazza che, pur ospitando una statua del fratacchione, non fu il luogo del suo martirio. La pira sulla quale fu arso il 23 maggio 1498 era stata eretta infatti in piazza della Signoria, e un disco di granito incastonato a terra, vicino alla statua di Cosimo I, identifica il luogo esatto. Più o meno nello stesso posto dove soltanto un anno prima, l'ultimo giorno del Carnevale del 1497, il furibondo Savonarola aveva fatto ammucchiare barbe, maschere e nasi finti, libri licenziosi tra i quali il *Decameron* e il *Morgante* del Pulci (oltre che rarissimi manoscritti e preziose pergamene), specchi, acconciature e trabiccoli da donna, liuti, arpe, scacchiere, carte da gioco e infine ritratti di donne celebri per la loro bellezza, da Cleopatra ad allegre signore dei suoi tempi. E poi gli aveva dato fuoco. Chissà se mentre il fumo gli saliva agli occhi e le fiamme gli lambivano i piedi ha maledetto la sua intransigenza e l'ironia del destino.

Sulla piazza Savonarola, alla destra della chiesa, c'è un palazzo, con grandi vetrate affacciate sulla strada, evidentemente uno studio di artista. L'edificio potrebbe essere ottocentesco, ma non si sa. Di certo la facciata è stata ricostruita intorno al 1910, su progetto dell'architetto Enrico Lusini. L'artista Rinaldo Carnielo, nato a Treviso, sembra vi si fosse trasferito verso la fine dell'ottocento. Il palazzo è su due piani, ma la parte centrale è sovrastata ulteriormente da una specie di timpano, illuminato da un finestrone tripartito, enorme e decorato da ghirlande. Ha un'aria austera ma occhieggiante al Liberty, secondo le regole della stagione modernista. Sulla piazza, alle estremità delle due ali, si aprono i due ingressi laterali, con sopra un finestrone quadrato. Al primo piano c'è un cartiglio con la scritta «Onorate l'arte che è vita della vita». Sopra l'ingresso centrale, un architrave regge un'iscrizione in bronzo: «Non omnis moriar». Non tutto morirà.

Quando ero bambina, la tata mi portava in questa piazza, insieme a mio fratello. Questa pratica veniva da noi chiamata «andare ai giardinetti». Chissà se era una specie di lessico familiare o tutti i figli andavano «ai giardinetti». Del resto a casa non c'era niente da fare, nei pomeriggi degli anni sessanta. La televisione, ancora nell'austero bianco e nero, funzionava in maniera diversa da adesso. Per esempio aveva degli orari. Come il cinema, o la scuola, la televisione iniziava a una certa ora e dopo una certa ora finiva. Se ti capitava di avere un attacco di ansia la notte alle quattro, o un vuoto di immaginazione in tarda mattinata, una crisi di solitudine prima di pranzo, non potevi contare sul magico scatolone colorato. Fino alle ore in cui partiva la sigla con le nuvole e il traliccio, il televisore se ne stava tranquillo e nero nel bel mezzo del salotto, impossibilitato a reagire a qualsiasi provocazione del nostro umore. Fin quando non calava il buio, taceva, come il telefono nelle giornate tristi, quando il mondo si dimentica di te.

Già, chissà come accade. Per me, ad esempio, è il mercoledì. Ci ho fatto caso. Non capisco per quale motivo, l'unica specialità del mercoledì è infatti quella di stare grosso modo al centro della settimana, ma è poco per fare di lui un giorno funesto. Il mercoledì di solito il mio telefono tace a lungo. Spesso per tutta la giornata. Se sono con qualcuno, ogni tanto lo tiro fuori dalla tasca e lo guardo di sfuggita, fingendo di voler controllare l'ora. A volte penso che è per questo che non porto più l'orologio, per avere la scusa di controllare di sfuggita il telefonino il mercoledì. Mi illudo di non aver sentito la suoneria, l'avviso di entrata di un Sms. Brutta storia i telefonini. Non serve a niente lasciarli a casa, perché del loro pensiero non ti liberi lo stesso. Bisognerebbe semplicemente che non fossero stati inventati.

O anche smettere di contare sull'attenzione degli altri per avere certezza della nostra esistenza.

3
Galleria Rinaldo Carnielo

La Galleria Rinaldo Carnielo ha sede nell'edificio di piazza Savonarola dove l'artista visse e lavorò. È aperta il sabato dalle nove alle tredici, e basta. C'è un bel gonfalone rosso che lo annuncia, uguale in tutto e per tutto ai tanti gonfaloni che, appesi ai muri in giro per la città, segnalano la presenza di un museo, di un luogo di interesse storico. Decine, centinaia. Ogni tanto verrebbe voglia di operare in maniera contraria, e, anziché storicizzare una bottega trasformandola in un museo, ritrasformare certi musei in botteghe, negozi, abitazioni. Semplici edifici della vita quotidiana. Giusto per non aver sempre paura di dove si mettono i piedi. So che sembra incredibile, ma a Firenze non esistono le pizzerie al taglio. Ci sono i McDonald's, l'inaugurazione dei quali ha suscitato il consueto scandalo, ci sono paninifici in tutte le declinazioni possibili, ma se vuoi mangiarti un pezzo di pizza, al centro, ti devi mettere seduto a un tavolo.

Detto così sembra quasi bello, ma non è normale. Non è che io voglia fare una crociata per la pizza al taglio. Trovo anch'io, come tutti, che quelle teglie coi carciofini intirizziti e la fetta di prosciutto imbarcata siano struggenti. Per non parlare di quando te la scaldano, e la pasta si insecchisce tutta, la mozzarella ti buca il dorso della mano come piombo fuso. Ma la pizza è un indice. Nel mercato dello spuntino, a Firenze, siamo fermi agli anni sessanta. Escluso McDonald's, che non chiede permesso ma è stato catapultato nel mondo imbottito di dollaroni. Le novità sono state tutte bloccate da sentinelle isteriche al *checkpoint* di chissà cosa.

Perché Firenze ha un rapporto *letterale* con le sue risorse. Come la famiglia Della Robbia. Fosse nato un figlio, o un nipote, sprovvisto del minimo talento, sarebbe stato comunque destinato a mescolar polveri, a cuocere formine. Nessuna possibilità di scampare alla ceramica.

Così la città. Non sa sfruttare il patrimonio che ha a disposizione. Se i turisti hanno fame, la città gli dà un panino. Come nelle colonie estive, o nelle scuole elementari quando c'erano ancora i poveri. Sarebbe naturale pensare che nei secoli avesse acquisito furbizia. Dato per scontato che i turisti avrebbero continuato ad affluire probabilmente per sempre nelle sue strade, si sarebbe immaginato che i cittadini ne avrebbero approfittato per vendere loro qualsiasi cosa, usando quella straordinaria vetrina per proporre novità strabilianti, idee stravaganti, coraggiose. Come fanno nei tour mondiali i grandi gruppi rock, quando usano dei gruppi spalla, giovani sconosciuti in cerca di un palcoscenico, per aprire i concerti.

Nel 1995, per esempio, i R.E.M. si portarono in giro un gruppo di giovani matti che suonavano una musica bellissima: si chiamavano Radiohead. Quando poi sono diventati famosi, i Radiohead hanno suonato anche a Firenze. Due volte: nel 2000 a piazza Santa Croce e nel 2003 a piazzale Michelangelo. Non c'ero. Abitavo già in un'altra città, è vero, ma questo non mi giustifica. In effetti credo di aver lisciato tutti gli avvenimenti cruciali che una della mia età avrebbe avuto a disposizione, persino quando si svolgevano sotto le mie finestre. Non ho partecipato a uno solo degli accadimenti che hanno segnato la biografia italiana dagli anni sessanta a oggi.

Neanche io saprei dire perché. Una naturale ritrosia, dovuta senz'altro a una mancanza di coraggio, a stare al centro delle cose. Ho sempre faticato a coincidere con un tempo. Diciamo che provo un'invidia sincera per quelle persone che, fotografate, finiscono per rappresentare il famoso «spirito del tempo». Penso con infinito struggimento al seno nudo della ragazza tenuta sulle spalle da un ragazzo, tra la folla dei cortei del Maggio francese. Immagine della quale si è poi scoperta la totale artificiosità, avendo infatti l'astuto fotografo, secondo la sua stessa confessione, usato una modella. Ma è uguale. O il ragazzo davanti al carro armato in piazza Tienanmen, i quarantenni dei girotondi contro la legge Cirami che si tenevano per mano sotto il Palazzo di Giustizia, i paninari col moncler seduti sui motorini, le ragazze coi piercing e i tatuaggi dentro i centri sociali. Io non incarno proprio niente. Forse proprio per questo scrivo i libri, per ristabilire una gerarchia degli eventi a mio favore.

Ecco, la letteralità di Firenze rispetto a se stessa è forse il motivo principale della sua attuale difficoltà a raccontarsi. Come dicevo, per una inspiegabile inerzia, la città è come una bella donna che usa la sua bellezza soltanto per essere bella. Come un meccanismo incantato. È questa attitudine, mi sembra, che le conferisce quell'aspetto ingessato e polveroso, che spinge i talenti ad allontanarsi per far posto a talenti che arrivano da fuori e prendono residenze di eccellenza nelle vie del centro storico, portandosi via l'ispirazione senza dare niente in cambio. Come se, al fondo, ci fosse un disprezzo aristocratico per l'economia di sé.

Uno strano paradosso. Firenze, città di mercanti, viene spesso accusata di essere una città in vendita, un'enorme vetrina. Ed è vero, ma il problema è che Firenze vende solo Firenze, come uno spaventoso gioco di specchi. Ma nessuna delle due invecchia, né la città né la sua immagine da un tanto al chilo. Come un Dorian Gray al contrario, cannibalizzandosi, mangiando se stessa, Firenze ha finito per avvelenarsi. Per creare una diabolica endogamia, per forza sterile.

Ferma davanti alla Galleria Rinaldo Carniclo, mi accorgo che accanto a me ci sono altre due ragazze che sperano di entrare. Mi sentivo già abbastanza eccentrica da sola, in un freddo sabato mattina, in questo angolo defilato dalla bellezza a elemosinare arte, altra arte. E invece siamo in tre. Nonostante la città, tre persone vogliono vedere le opere di Rinaldo Carniclo, per il quale già prima avevo infinito rispetto figuriamoci adesso. Purtroppo per noi la Galleria, come tutto il palazzo, è in restauro. Ce ne andiamo un po' meste, ognuna con la sua bicicletta. Chissà perché anche la bicicletta, a Firenze, non diventa avanguardia. Fa subito Lido di Ravenna, piuttosto che Amsterdam. Sono sicura che se domandiamo a un americano chi è il mostro di Firenze, risponderà che dormiva al Bargello e si mangiò Beatrice Portinari.

4
il cimitero degli inglesi

Seguendo le case degli artisti si arriva in piazza Donatello. A differenza delle altre piazze che si aprono tra le due corsie dei viali di circonvallazione, questa è storta. Non è divisa a metà, come sarebbe naturale, dalla strada. Lì, nell'occhiello dei viali, c'è infatti il cosiddetto «cimitero degli inglesi». I giardinetti con i giganteschi capitelli corinzi di pietra, piantati a terra come un'opera di Pino Pascali, sono invece di lato. Sembrano una specie di contrappeso, qualcosa alla quale il cimitero si sia ancorato. Come se il cimitero fosse un'isola.

Il cimitero protestante, detto «degli inglesi», è di proprietà della Chiesa Evangelica Riformata, e quindi giuridicamente è svizzero. Prima che venisse costruito nel 1827 – *extra moenia*, secondo i precetti napoleonici dell'editto di Saint-Cloud – i protestanti venivano sepolti nel cimitero di Livorno. Le mura, in quel punto, si aprivano con la Porta a' Pinti, opera di Arnolfo. Dietro la quale c'era un convento di gesuiti che si dedicavano alla fabbricazione di vetrate colorate. Pinti, appunto.

La collina sulla quale sorge il cimitero degli inglesi faceva parte di alcuni marchingegni ideati da Michelangelo per la fortificazione di Firenze prima dell'assedio del 1529. Quando nel 1827 il governo granducale cedette il terreno per costruirvi il cimitero, l'incarico fu dato all'architetto Carlo Reishammer, di origine austriaca. Era giovanissimo, aveva appena ventidue anni. Più avanti divenne l'architetto prediletto della famiglia Lorena. Fu lui a progettare la chiesa di San Leopoldo a Follonica. È una chiesa «biomeccanica», costruita secondo criteri tradizionali ma con alcune parti in ghisa. Il pronao (colonne, tetto e cancellata), il rosone della facciata, l'abside, la cima del campanile e alcuni arredi interni. In ghisa è anche il cancello che dava accesso al gigantesco complesso dell'ex Ilva, dove avevano sede le fonderie. Il lavoro fatto per il cimitero degli inglesi è quasi invisibile, anche perché la palazzina, l'unico edificio degno di nota, fu aggiunta solo più tardi. Forse, data la sua predilezione, si sarà preoccupato soprattutto della inferriata che gira tutto intorno.

I primi morti a trovar posto nel cimitero furono svizzeri e inglesi. Gli svizzeri, che venivano in gran parte dall'Engadina, erano quasi tutti commercianti, nel ramo della ristorazione. Il Panone in Por Santa Maria era della famiglia Fent, mentre certi Wital possedevano L'Elvetico di Borgo degli Albizi. Svizzeri erano, ovviamente, L'Elvetichino in Piazza Duomo e il Caffè degli svizzeri in piazza Santa Croce, ma anche il caffè Gilli, in via Calzaiuoli. Svizzero era Giovan Pietro Vieussoux, uomo di cultura ma anche lui ex commerciante. Quando si trasferì a Firenze decise di aprire un gabinetto letterario, dove si sarebbero potuti trovare libri, riviste, giornali italiani e stranieri. In lettura, ma riservati agli uomini. Se ne lamenta, scherzosamente, Elizabeth Barrett Browning. Sono custoditi dai draghi, dice, come i pomi d'oro del giardino delle Esperidi.

Elizabeth visse la sua vita a Firenze. Fino ad allora, fin quando non sposò segretamente il poeta Robert Browning, la sua esistenza si era svolta dentro una stanza, sorvegliata dal padre che la teneva prigioniera per proteggerla da misteriose malattie, minacce di morte. Elizabeth, che aveva quarant'anni ed era già una poetessa famosa sebbene appartatissima, ricevette un giorno una lettera da quello che sarebbe divenuto suo marito, che le dichiarava ammirazione e amore per la sua opera. Si sposarono di nascosto e partirono per l'Italia. Si fermarono a Pisa, ma si stabilirono presto a Firenze, in piazza San Felice, in quella casa Guidi che divenne sfondo per le opere di entrambi. Quando la moglie morì, Robert tornò in Inghilterra insieme al figlio, Pen. Elizabeth è sepolta nel cimitero degli inglesi.

Tutti i suoi libri, e una ricchissima scelta di saggi sulla sua opera, si trovano nella libreria allestita in due piccole stanze, nella casina all'entrata del cimitero. È la biblioteca di Julia Bolton Holloway, ex insegnante di letteratura inglese, nata a Londra ma vissuta a lungo negli Stati Uniti. Adesso Julia è una suora, ma io non ne ero sicura. Vestiva in borghese, tranne un fazzoletto bianco sulla testa che poteva essere una protezione per il freddo gelatinoso, crudele che premeva quel giorno sulle tombe, immobilizzandomi. Ma poi me lo ha detto lei, con quell'accento che rende sempre un po' zitellesco l'italiano degli inglesi. Le tombe, dalle quali ero appena tornata un po' perplessa, sono circondate da un lunghissimo serpente di nastro giallo. Il nastro divide il cimitero in due parti uguali, con un corridoio al centro. Due emisferi di forma simile a quella del cervello, impraticabili. I monumenti sono pericolanti e per precauzione i visitatori sono costretti a guardarli da lontano. Anche quello di Elizabeth, una piccola bara di marmo sorretta da sei colonne. Ma questo, l'unico di tutto il cimitero, è segnalato da un piccolo cippo bianco, con una scritta gotica in nero. Sospetto che sia opera di Julia.

Il cimitero è una piccola collina, e il visitatore prima si arrampica e poi la scende. È anche abbastanza ripida, perché è piccolo. Più che una collina, quando ci cammini sopra, sembra la parte emersa di un'enorme palla, sepolta per metà. Sembra, forse per via dell'aldilà, una specie di *light side of the moon*, il cui lato scuro sia rivolto ai misteriosi abitanti del sottosuolo. A meno che non sia il contrario, e il lato giusto non sia quello interrato. Nel quale caso i vivi sarebbero loro, o almeno quelli sui quali l'idea di esistenza sarebbe tarata. «Io sono vivo e voi siete morti» dice Runciter in *Ubik* di Philip Dick. Ma lo dice dopo essere saltato in aria su una bomba, mandando messaggi da chissà dove.

Un altro dei motivi per cui conviene andar via da Firenze, e che somiglia al torpore che descrive De Pisis, è questa sindrome da palude oscura. Che ci stai talmente dentro che pensi che quella sia la luce. Noi siamo vivi e voi siete morti. Frase che se arriva dalla capitale della bellezza è assai pericolosa. Provate a dire che l'unica vita possibile è quella che si vive a Catanzaro. E provate a dirlo invece di Firenze. Ecco il pericolo.

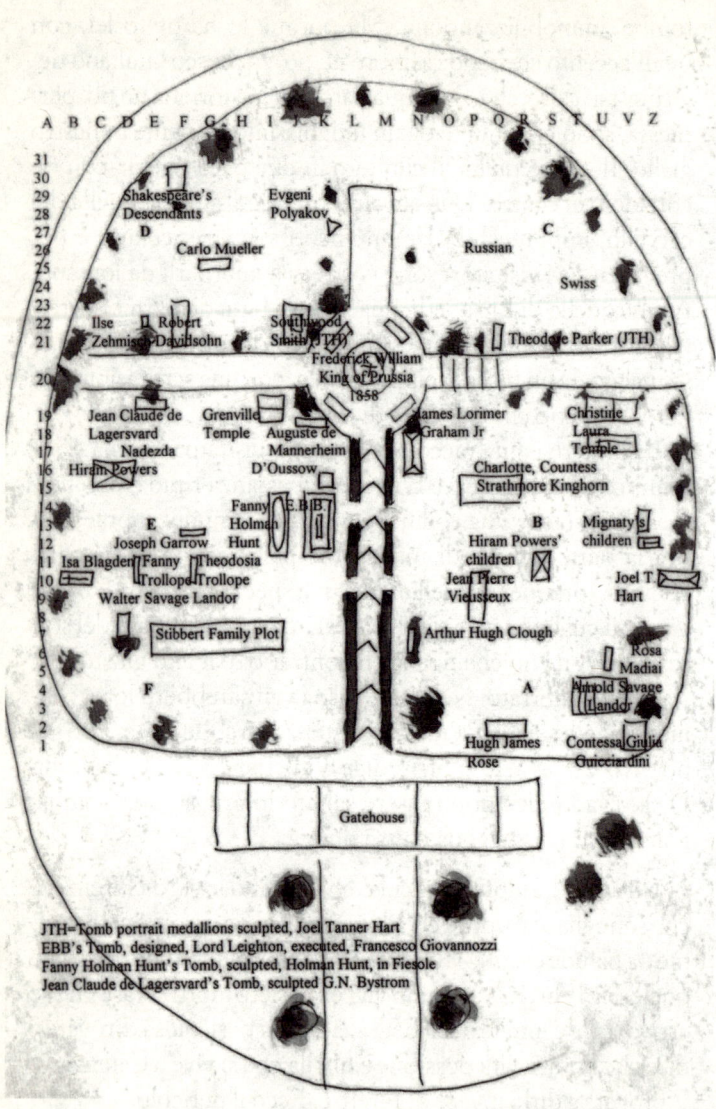

JTH= Tomb portrait medallions sculpted, Joel Tanner Hart
EBB's Tomb, designed, Lord Leighton, executed, Francesco Giovannozzi
Fanny Holman Hunt's Tomb, sculpted, Holman Hunt, in Fiesole
Jean Claude de Lagersvard's Tomb, sculpted G.N. Bystrom

5
«L'isola dei morti»

Ci sono alcune opere d'arte che, col tempo, hanno assunto un significato che va al di là del loro valore estetico. *L'urlo* di Munch, *La Gioconda*, *Las Meninas* di Velázquez, *L'onda* di Hokusai. Sono grumi di coscienza, o cattiva coscienza, miracolosi ricettacoli di emotività. Per qualche motivo che probabilmente trascende gli intenti del creatore, piano piano sono diventati vibranti territori di confine che rivelano zone d'ombra, frane, frammenti di inconscio al di là della tela. *L'isola dei morti*, che Böcklin dipinse in cinque versioni diverse per far fronte all'enorme successo che ebbe fin dal suo apparire, è una di queste.

Fu commissionata al pittore da Marie Berna, poi contessa Oriola. La donna gli chiese un quadro che esprimesse il dolore per la morte del marito. Nel 1880 Böcklin le scrisse: «lei potrà sognare, immersa nel buio mondo delle ombre, fino a quando non crederà di avvertire il leggero, tiepido alito che increspa il mare, fino a quando non esiterà a turbare il solenne silenzio anche con una sola parola».

Un quadro per sognare. Un mare nero, una barchetta, due figure misteriose. La persona che rema, dai lunghi capelli dorati, e un'altra in piedi, bianca come una statua, o un morto, o qualcos'altro col quale comunque non desidereremmo avere a che fare (anche perché ai suoi piedi c'è qualcosa che somiglia più di tutto a una bara).

L'opera di Böcklin, come ogni incanto collettivo, si è rivelata estremamente feconda. Molti lavori di Salvador Dalí sono ispirate al quadro, e altri pittori, tra questi Giorgio de Chirico e Max Klinger, ne furono suggestionati. Alcuni romanzi, una sinfonia del compositore russo Sergej Vasil'evič Rachmaninov, *La sonata degli spettri* e un frammento intitolato proprio *L'isola dei morti*, entrambi di August Strindberg. Dürrenmatt, che scrisse anche un testo intitolato *Play Strindberg* (sulla *Totentanz* dell'autore svedese), nel suo primo romanzo, *Il giudice e il suo boia*, manda il suo protagonista nella casa di un amico appena assassinato e gli fa trovare davanti alla camera da letto «un gran quadro in una pesante cornice dorata: era *L'isola dei morti*».

Nel 1945 Mark Robson firma la regia di un film, il cui protagonista è Boris Karloff, intitolato *Il vampiro dell'isola* e ispirato al quadro di Böcklin. Ambientato in un'isola della Grecia durante la prima guerra mondiale, racconta la storia di una comunità di persone trattenute per una quarantena, tra le quali si insinua il sospetto che alcuni di loro non siano uomini o donne ma vampiri. Fa parte di una serie di undici film, horror a basso costo, prodotti dalla americana Rko che ne affidò la cura a Val Lewton, un russo naturalizzato il cui nome vero era Vladimir Leventon. Colto, eccentrico, pieno di talenti, Val Lewton mise in piedi un'operazione geniale. Pur comparendo ufficialmente soltanto come produttore, fu spesso autore anche delle sceneggiature e quasi sempre ispiratore dei temi e delle audacie narrative. Con lui nasce al cinema, per esempio, l'artificio della suspence. Se c'è una bomba sotto un tavolo, diceva, il pubblico lo deve sapere. Perché il punto non è l'esplosione, che dura un attimo, ma la paura, il tempo che passa, l'impossibilità del pubblico di avvertire i personaggi e il panico che ne consegue. I suoi film horror, bontà sua, erano ispirati a Stevenson, Maupassant, Charlotte Brontë, quadri famosi, canzoni, poesie di John Donne, Shakespeare, scritti di Freud e Ippocrate.

Anche Freud teneva appesa nel suo studio una riproduzione dell'*Isola dei morti*, e Jung ne scrisse a proposito del suo paziente Henry, che ne era ossessionato.

Ma Lenin e Hitler furono i due fans più accaniti. Entrambi si inchinarono, con la stessa reverenza, di fronte al mistero di quel viaggio. Di Lenin si sa che ne portava una copia sempre con sé, tanto da averla appesa nella sua stanza anche durante l'esilio. Hitler addirittura ne comprò una versione, la terza, di proprietà della famiglia Schön-Renz, a un'asta del 1936. Di questo quadro non si sono avute notizie per più di trent'anni. Sparì dal bunker dopo l'invasione russa e ricomparve a Berlino alla fine degli anni settanta. Fu donato al museo di arte contemporanea da un uomo che volle rimanere anonimo. Si dice che fosse un russo, un vecchio generale che lo aveva preso per ricordo e tenuto nascosto fin quando non se n'era stufato.

Arnold Böcklin era nato a Basilea nel 1827. Si trasferì prima a Roma e dopo un lungo peregrinare a Firenze, nel 1870. Qui, nel 1880, dipinge la prima versione del suo quadro più celebre.
Dicono che per *L'isola dei morti* Arnold Böcklin abbia preso ispirazione dal cimitero degli inglesi di Firenze.
Di certo qui è sepolta sua figlia, morta a soli sette mesi. È stata l'ultima a essere interrata, nel 1877. La collina è piccola, lo spazio a disposizione tutto occupato. Dopo di lei, il cimitero ha accolto soltanto urne cinerarie. In un pieghevole che mi consegna Julia, oltre a una breve storia del luogo, ci sono alcune indicazioni su come aiutare economicamente l'opera di restauro. Il cimitero sta morendo. Mi rendo conto che è un'espressione grottesca, ma è la più appropriata. È rima-

sto chiuso per molti anni, senza alcuna manutenzione, e oggi le tombe sono in pessimo stato. Tra le forme di aiuto concrete, la più agile è quella di firmare una petizione a questo indirizzo: www.thepetitionsite.com/takeaction/471134975, con la quale si chiede che il monumento entri a far parte del numero delle opere tutelate dall'Unesco come patrimonio dell'umanità. Questo status garantirebbe una priorità nell'accesso ai fondi della Comunità europea destinati alle opere d'arte. Una volta collegati a questo indirizzo, troverete i link per il blog di Julia Bolton Holloway e il sito del cimitero. Curato magnificamente e pieno di informazioni.

È un'impresa per animi coraggiosi. È come voler vendere birra nel Chianti. Nella città dell'arte, chi ha tempo per un piccolo cimitero fuori dalle rotte turistiche, mai riprodotto non dico su un grembiule o una maglietta, ma neanche su una cartolina?

Ma Julia è coraggiosa, e non è affetta dall'indolenza degli italiani verso se stessi. Ha fatto stampare alcune copie della raccolta di poesie di Elizabeth Browning, i *Sonetti dal portoghese*, che si possono comprare per cinquanta euro. Con duecentocinquanta euro i più generosi possono portare a casa un calco delle mani strette di Elizabeth e Robert. Donando un libro l'anno si diventa soci di questa minuscola ma appassionata biblioteca, dove, tra l'altro, si possono consultare alcuni volumi donati da Fioretta Mazzei, su don Milani e Giorgio La Pira.

Mi chiede di questo libro. Le racconto che parlerà di Firenze, ed è iniziato tutto da mio padre e da una vecchia fotografia del matrimonio dei miei genitori. Mentre le parlo tengo in mano un libro, una biografia di La Pira scritta da padre Balducci. Anche La Pira aveva un sogno, mi dice, per questa città.

6
«non omnis moriar»

Nel 1895, Böcklin acquistò villa Bellagio, sotto Fiesole, dove rimase fino alla morte, avvenuta il 16 gennaio 1901.

Fu sepolto nel cimitero evangelico degli Allori, sulla via Senese. Che è enorme, quanto quello degli inglesi è raccolto. Sembra potersi estendere fin quando ci saranno morti, per sempre. Più ti allontani dal centro, più le sepolture diventano leggere. Gli ultimi sono soltanto un mucchio di terra con una croce. Ma la cosa che colpisce di più è la solitudine.

Più o meno da una trentina d'anni, gli uomini e le donne, come risulta dalla mia visita al cimitero degli Allori, vengono sepolti da soli. Non ci sono quasi più le lapidi con su scritto il nome del marito e quello della moglie, le foto sorridenti. Non ci sono nemmeno le dediche del coniuge che è sopravvissuto a quello scomparso. Sembra che non ci siano più matrimoni, ma forse è semplicemente che la serialità delle relazioni, anche matrimoniali, crea un nuovo problema di *bon ton* funebre. Neanche da morti si sfugge alla questione «con chi». Con chi passare il Natale, andare in vacanza, con chi assistere al saggio di danza della figlia, con chi confidarsi. Con chi farsi seppellire è l'ultima domanda alla quale, da quello che vedo qua intorno, non sappiamo rispondere. Allora meglio soli, uomini e donne.

«Non omnis moriar» è scritto sul monumento che sovrasta i resti del pittore dell'*Isola dei morti*. Come sulla porta dello studio dello scultore Rinaldo Carnielo. Sopra, un'immensa colonna mozzata, sulla quale è infisso una specie di braciere.

C'è un cimitero monumentale ebraico in viale Ariosto 16, subito fuori dalla Porta San Frediano. Diladdarno, cioè sulla riva sinistra del fiume. A pochi metri in linea d'aria dal Consolato americano. È aperto solo la prima domenica del mese (per informazioni si può chiamare lo 055.2346654) ma vale la pena. È chiuso su tre lati dalle case e profuma di nepitella, una mentuccia delicata, con la quale si cucinano i funghi. Cresce spontanea, tra le zampe di leone di marmo abbandonate qua e là. Le lapidi sono storte e sbertucciate, sembrano fiorire dalla terra e poi appassire di lato. Spiccano alcune cappelle monumentali, tra le quali quella della famiglia Levi, a forma di piramide, come una tomba egizia. Il cimitero, costruito nel 1777, è rimasto attivo fino al 1870. Adesso ce n'è un altro, dalle parti di Rifredi.

È strana questa nostra abitudine di dividerci di nuovo dopo la morte secondo la religione di appartenenza. Le città non hanno più una geografia dettata dal culto. Viviamo tutta la vita mischiati, ma i nostri corpi riposeranno separati. Proprio quando dovremmo tornare a essere tutti uguali.

Io ho abitato a lungo vicino al cimitero degli inglesi. Da ragazzina ci giravo intorno almeno una volta al giorno con la bicicletta. Mi piaceva quell'isola. Non riuscivo bene a capire cosa fosse, e il nome non mi aiutava per niente. Non c'era da nessuna parte un cimitero dei francesi o dei tedeschi.

Fino a quando ho iniziato a scrivere questo libro non c'ero mai entrata. Avevo la sensazione che fosse stato costruito solo per essere guardato da sotto, dalle macchine o le biciclette ferme al semaforo. Mi sembrava una specie di cammeo poggiato sulla strada, un gioiello decorato abbandonato da un gigante. Da sotto sembrava che fosse sempre deserto, e questo mi piaceva moltissimo. Forse per la sua forma ovale, per la sua collocazione tra i due viali trafficati, ma non ho mai pensato che la cancellata che gli correva tutto attorno avesse una porta, e che questa porta potesse essere aperta. Per me era il luogo dei morti, e per di più inglesi. La cosa più separata dalla mia vita che potessi immaginare.

La mia amica più cara era morta quando eravamo entrambe ragazzine, ed era stata sepolta al cimitero di San Miniato. Dietro la chiesa più bella del mondo, che appare alle spalle del piazzale Michelangelo da qualunque punto della città si guardi verso l'alto. Dai ponti di notte, la si vede accanto alla luna, tra gli alberi. Ma il cimitero non è così bello. O forse sì, in alcune zone. Ma quando andavo a trovare la mia amica mi sembrava tremendo. Non tanto per il mio dolore, quanto per la promiscuità. Tutte quelle tombe una accanto all'altra, ognuna col suo grappolo di superstiti, le piantine di plastica, i fiori appassiti. Odiavo quelle lapidi vicine vicine, dove le fotografie sembravano guardarsi in cagnesco. Mi immaginavo che sgomitassero in nostra assenza. Che i morti, approfittando dei momenti in cui nessuno li piangeva, si allargassero, si spingessero l'un l'altro per guadagnare spazio. I primi tempi mi capitava di piangere davanti alla tomba della mia amica, e non mi piaceva l'idea che quello accanto mi vedesse, mi sentisse tirare su col naso, bisbigliare. Ovvio che se era lì aveva anche lui il suo morto e il suo dolore, ma io non sentivo nessuna solidarietà. Mi sentivo invasa, come se avessi dovuto fare il bagno con un estraneo seduto sul bordo della vasca che mi guardava.

Nel 1798, un economista inglese di nome Thomas Robert Malthus pubblica un libro intitolato *Saggio sul principio di popolazione* nel quale identifica come causa principale della miseria il fatto che la popolazione tende ad aumentare più rapidamente dei mezzi di sussistenza. In particolare, mentre la popolazione tende ad aumentare in progressione geometrica, i mezzi di sussistenza tendono ad aumentare in progressione aritmetica. L'incremento demografico può tuttavia essere ritardato da freni repressivi come guerre, epidemie, carestie o da freni preventivi come la restrizione morale. Quest'ultima, a cui Malthus esorta tutti gli uomini e soprattutto i poveri, consiste in una limitazione volontaria delle nascite attraverso l'astensione dal matrimonio. Malthus propone quindi di adottare ogni misura atta a scoraggiare la natalità e di abolire la «legge sui poveri», poiché la carità è un incentivo all'incremento di popolazione.

Anche io penso che siamo troppi. E non riesco a capire perché, tra tutte le misure immaginate per arginare la crisi delle risorse della terra, non si possa contare su una diminuzione delle nascite. È un tabù che riguarda oriente e occidente, e tutte le religioni. Eppure, di tutti i dolori che l'umanità sopporta, la non-nascita non sembra il più funesto.

Mi vengono in mente le parole di Mariangela Gualtieri: «Chiedo la forza del tirarsi indietro / la forza d'ogni rinunciante, la forza / d'ogni digiunante e vegliante / la forza somma del non fare / del non dire del non avere del non sapere. / La forza del non, è quella che chiedo. / Non non non: che parola splendida / questo non».

7
le baby sitter

Negli anni sessanta, insieme ai primi modelli di bambino della società dei consumi, nasceva anche il mito della ragazza alla pari. Una generazione di fanciulle in fiore scendeva dal nord Europa, o saliva dal sud d'Italia per studiare al centro. Firenze, Roma, Bologna, Milano. Occuparsi di bambini viziati e nevrotici (anche se, come dicevamo, nevroticamente primitivi) era il modo più semplice per mantenersi all'università, o imparare la nostra lingua. Decine di migliaia di padri italiani sono stati messi alla prova dalle loro minigonne, le gambe allungate sui divani di pelle, le porte del bagno mai chiuse a chiave. Anche i fratelli più grandi, e persino quelli piccoli, talvolta. Un amico mi raccontava commosso la sua deliziosa iniziazione sessuale a dodici anni, tra le cosce allegre dell'inglese alla pari, in vacanza all'isola d'Elba. La tresca fu scoperta dai genitori di lui, che rimpatriarono in fretta la fanciulla. Molti di noi, negli anni sessanta, hanno interrotto bruscamente lo studio dell'inglese per motivi che allora ci apparivano misteriosi, ma che hanno permesso a un'intera generazione di maschi di affrontare la vita sessuale da adulti con una invidiabile disinvoltura.

Io ero bionda, grassoccia e sgraziata. Ed ero e sono una donna, cioè nella divisione del mondo apparterrei a quelli che insegnano, piuttosto che a quelli che imparano. Dei segreti del sesso, si dice, sono depositarie le donne. Grazie a qualche misteriosa eredità genetica, una sapienza innata del corpo. Non saprei, a me sembra di far parte di una categoria ulteriore di persone, che non fa differenza tra maschi e femmine: quelli che non sanno niente. Niente di niente, e se lo sanno lo dimenticano in fretta. Il mio incubo ricorrente è che qualcuno mi chieda di rispondere a bruciapelo alla domanda chi è il presidente della Repubblica italiana in carica, o l'autore dell'*Eneide*. Non so niente e non so insegnare niente, figuriamoci i segreti del sesso. Però so che ci sono donne capaci di farlo, e tutte noi, autistiche erotico-sentimentali, dobbiamo ringraziarle ogni giorno.

Se si esclude la pratica, tutto quello che so del sesso l'ho imparato più o meno a sei anni grazie a un libro con le figure che era stato nascosto in salotto e che sospetto di aver trovato per sbaglio troppo presto.

Era un libro con la copertina rigida azzurra, i cui protagonisti, una donna con un taglio di capelli tipo Candice Bergen e un Big Jim con le gambe un po' corte, avevano un impatto erotico prossimo allo zero. Malgrado passassero il loro tempo nudi e abbracciati, dei loro organi sessuali interni ed esterni ho infatti un ricordo vividissimo, la loro flemma produsse in me l'idea che il sesso non avesse in alcun modo a che fare col desiderio e col piacere, ma fosse piuttosto una faccenda tipo piegare le lenzuola dopo che sono state stese, o cambiare le lampadine quando si fulminano. Un compito casalingo come tanti altri, la cui unica bizzarria era data dal fatto che dovesse svolgersi in coppia, e sempre sorridendo come facevano i miei due amici nudisti.

Alcuni giorni dopo la mia scoperta del libro azzurro sul sesso, mentre camminavo per mano a mio fratello in piazza d'Azeglio al ritorno da scuola, ci venne incontro un uomo con un impermeabile. A pochi passi da noi lo spalancò per rivelare quella che solo molti anni più tardi mi resi conto essere un'erezione ben al di sotto della sufficienza. Messe queste due esperienze cognitive accanto, il libro e l'esibizionista, senza dubbio mi avvicinai un po' di più alla verità.

Ma la mia scena primaria subiva in fretta l'usura del tempo, tanto era stereotipata. Capii in fretta che l'ometto con l'impermeabile e i giardinetti non sarebbero serviti come materiale narrativo, neanche nella mia testa. Per fortuna qualche mese dopo vidi un uomo che si masturbava in una macchina parcheggiata, a Prato. A sette anni, nella mia testa Prato era come la Thailandia, una meta da turismo sessuale. Dopo vennero le puttane.

8
la Cinquecento

Le mie crisi isteriche da delirio abbandonico raggiunsero la perfezione stilistica durante il periodo dei venusiani. I miei genitori avevano deciso che ero abbastanza grande da potermi occupare, per qualche ora, di mio fratello più piccolo, permettendo loro di uscire. Resistetti qualche mese, poi una sera, quando loro erano sulla soglia pronti per andarsene, mi buttai a terra e schiumando e contorcendomi gridai che se ci avessero lasciati soli anche soltanto un'altra volta, i venusiani ci avrebbero rapito insieme alle bambole Barbie. Dovetti essere abbastanza convincente, perché i miei genitori continuarono a uscire ma per me e mio fratello ci fu di nuovo una baby sitter.

Devo ammettere che l'idea non era tutta mia. Un'amica mi aveva infatti spiegato che quando noi dormiamo, gli abitanti del pianeta Venere scendono sulla terra e si riprendono le Barbie, che sarebbero le loro ambasciatrici. All'alba ce le riportano giù perché si rimettano al lavoro. Non mi disse cosa facessero i venusiani con le Barbie durante la notte, e io non glielo chiesi. Né la mia amica alluse al fatto che, insieme alle Barbie, i venusiani ne approfittassero per raccattare qualche incauto terrestre lasciato solo dai genitori. Quella parte lì era mia. Dopo quasi trent'anni di letture deduco che questo dei venusiani è stato quindi il mio primo racconto erotico. Una classica fantasia di stupro, arricchita da un fondale fantascientifico.

Mentre il mio immaginario erotico si andava goffamente organizzando, io soffrivo. Ogni aspetto della vita dei miei genitori che prevedesse la mia assenza mi dava un dolore insopportabile. Nelle mie giornate di masochista da cucciola, il pensiero dominante era figurarmi come diventassero mio padre e mia madre quando io non c'ero. Raccoglievo materiale ascoltando le telefonate, frugando dentro la macchina e nelle borse alla ricerca di sigarette, portafogli, pillole, chiavi. Mia madre fumava le Muratti e teneva un fazzoletto di cotone bianco dentro grandi borse che sembravano buste della spesa. A volte, uscendo, si metteva in testa un foulard. Mentre io rimanevo a casa a macerarmi, saliva sulla Cinquecento giallo ocra e spariva.

La Cinquecento, come tutti sanno, aveva le marce non sincronizzate. Per scalare senza grattare, bisognava essere in grado di fare la doppia debraiata, detta comunemente doppietta. Una manovra abbastanza semplice che richiede però molta coordinazione. Si tratta, più o meno, di lasciare l'acceleratore, pigiare la frizione, mettere in folle, ripigiare l'acceleratore, dare due colpi di frizione inframmezzati da uno di acceleratore e in quel momento infilare la marcia. Questo quando non si hanno figli, ovviamente. Mia madre, quando guidava la Cinquecento, doveva fare attenzione a che io e mio fratello non ci uccidessimo l'un l'altro, e non sfondassimo il parabrezza con la testa. Non c'erano i seggiolini allora. I bambini venivano imprigionati nei sedili posteriori e pestati ogni volta che tentavano di infilarsi nello spazio tra i due adulti, infilando braccia e gambe sopra il freno a mano. Non c'era tempo per pensare a raffinatezze di guida.

Spesso, nella Cinquecento, eravamo mia madre e quattro, sei, otto bambini uno sopra l'altro. Le mamme si davano il turno per accompagnarci a nuoto o alle feste. Noi bambini odiavamo le feste, ovviamente. Se in casa nostra, per l'invasione che calpestava ogni regola stabilita, confini e proprietà, instaurando un insopportabile comunismo dei giocattoli. Da ospiti – oltre a soffrire per i vestiti e le scarpe la cui eleganza era proporzionata alla rigidità – perché costretti a esibirci, nel ruolo del bambino che gioca, davanti ai nostri genitori seduti sui divani a fumare. Mostrando loro la nostra miseria, la forza del più stronzo, il coraggio della più bella, tutte cose che avremmo preferito mantenere segrete e risolvere tra noi. Chi non detesterebbe vedersi indicato da un signore grasso, padre del proprio compagno di asilo, mentre prende a spintoni un camion dei pompieri, o il camper di Barbie?

Le feste sono gogne, sadici palcoscenici dove i grandi espongono i figli al sarcasmo dei loro amici. Probabilmente l'unico motivo per cui si organizzano le feste per i bambini è quello di dar modo ai genitori di progettare tra loro incroci adulterini. Mi ricordo che bevevamo talmente tanta roba dolce che quando uscivamo dalle feste avevamo sempre una terribile nausea e rischiavamo di vomitare nella Cinquecento. Più o meno come adesso, ma allora c'erano le mamme a riaccompagnarci.

Dentro la Cinquecento ci pigiavamo come datteri. Ma non era la promiscuità a farmi sentire quel languore. Molti anni dopo una mia amica mi raccontò di avere avuto il primo orgasmo in autobus, stringendo sempre più forte le gambe per rispondere alle buche dell'asfalto. Io non arrivavo così lontano, ma quando penso alla Cinquecento, al rumore della seconda che grattava, alle buche dell'asfalto, mi torna in mente quel calore tra le mie cosce di bambina, strette per contrastare la spinta di tutti quei corpi sudaticci e scalmanati. È curioso per quanto tempo la nostra biologia possa trattenere una sensazione, anche senza riconoscerla. È una specie di archivio che gira in cerca di soluzione, una slot-machine che aspetta la combinazione vincente. Un giorno capisci. In un momento qualsiasi, spesso per analogia con qualcos'altro che accade, decifri senza fatica la sensazione riposta, rimasta misteriosa per anni. C'è un motivo per cui noi umani usiamo solo una parte infinitesima del nostro cervello. Se tutto fosse continuamente presente, saremmo dei grumi di energia immobili, delle stelle, se potessimo sapere continuamente quello che accade al nostro corpo, se avessimo a disposizione tutte le informazioni, continuamente. Invece viviamo così, nel buio pesto che ogni tanto qualche fuoco d'artificio illumina, formando figure che ci sembrano familiari ma un attimo dopo scompaiono.

9
lo Spedale degli Innocenti

Firenze non sarà mai più com'era quando io ero bambina, per fortuna. C'erano meno macchine in città, ma nessun divieto. Con le Cinquecento, o le Alfette, o le 124, facevamo come ci pareva.

Mio padre ci portava a messa nella chiesa del Sacro Cuore, affettuosamente chiamata «il lanciacristi» per via di un imponente campanile, opera dell'architetto Lando Bartoli, che somiglia in maniera impressionante alle rampe della Nasa che spediscono in orbita le navicelle spaziali. Ma non era il lanciacristi a preoccupare mio padre, quanto «Topolino». A me sembrava abbastanza naturale, seduta sulle panche di legno, leggere la mia rivista preferita appena sfornata. Lo facevo apertamente, poi di nascosto. Alla fine mio padre capì che la soluzione era comprarmela dopo la messa. Io invece capii che tra la messa e la lettura avrei sempre scelto la lettura. Dopo andavamo a comprare le paste.

In via dei Servi c'è una pasticceria dall'aspetto *démodé*, rimasta oggi identica agli anni sessanta, di proprietà di una famiglia piemontese. Da Robiglio, oggi come allora, si comprano dolci sobri e di tradizione. Niente pupazzetti di zucchero o panini con la crema di funghi. Le paste di Robiglio sono piccole, anche la panna sembra modesta. Il vassoio arrivava in casa con un incarto giallo oro, con la scritta rossa in corsivo. Anche il fiocco col quale era legato, da infilare al dito, era rosso. Il capostipite della famiglia dei pasticceri piemontesi adesso riposa nel cimitero degli inglesi. Per andare da Robiglio mio padre parcheggiava la macchina in piazza Santissima Annunziata.

È strano, lo so. Ma prima si fumava al cinema e davanti ai bambini, i ragazzi dormivano dentro i sacchi a pelo in mezzo alle città, si entrava in tutte le chiese senza pagare il biglietto. Le donne, sotto le minigonne, spesso non portavano le mutande. In quegli anni si faceva l'amore senza preservativo e la gente si metteva in fila per vedere *La dolce vita*. Erano gli anni della libertà e io me li sono persi. Mi ricordo bene soltanto questa storia del parcheggio, e tra tutte non mi sembra la più interessante.

La prima volta che ho visto la piazza Santissima Annunziata senza macchine ho provato una sensazione di freddo e di imbarazzo, come se anch'io fossi nuda. I tossici che stazionavano sbavando sulle scalinate si aggiravano perplessi. Sembrava che avessero tolto anche a loro la coperta. C'era improvvisamente una statua in mezzo alla piazza, e scoprivo adesso perfino che via dei Servi, sbucando in Piazza Duomo, inquadrava una striscia di abside come lo spiraglio di una porta.

Quel giorno ho capito che l'impatto estetico della nostra cultura sulla geografia della città non si basa più sull'attività degli architetti, diventati timidi e vittime di una totale mancanza di committenza, ma sulla distribuzione dei divieti di sosta. Niente di quello che è stato costruito negli ultimi quarant'anni a Firenze ha modificato la percezione della città quanto l'aver tolto le macchine parcheggiate dalle piazze del centro storico.

La facciata dello Spedale degli Innocenti rivelava la meraviglia del progetto del Brunelleschi, quell'infilata di colonne la cui compostezza estetica sembra una nota sospesa. Nel museo, oltre ad alcuni pezzi di arredo rinascimentali, c'è una *Madonna col bambino e un angelo* di Sandro Botticelli (attribuita), che da sola vale tutto il museo.

Ma perché *lo spedale*?

Sul vocabolario c'è scritto che 'spedale' è uguale a 'ospedale'. Ha la stessa etimologia latina e un identico significato: luogo nel quale si ricoverano i malati. Non è sbagliato, non è come *l'aradio*. Spedale e ospedale sono la stessa cosa. E allora perché questo si chiama Spedale degli Innocenti?

Quando mi chiedono perché certe volte Firenze mi fa venire i nervi, devo ricordarmi questa storia dello Spedale degli Innocenti.

La cosa grave non è tanto che cinquecento anni fa si sia deciso di chiamarlo così, ma che cinquecento anni dopo i fiorentini ancora ci tengano. E veglino su questa anomalia come sulla fiamma di una sacra lanterna, che bruci eterna davanti al dio dei patrimoni linguistici.

Di nuovo le sentinelle isteriche di guardia al *checkpoint* di chissà cosa. E attentissime. Noi fiorentini, infatti, abbiamo sviluppato capacità straordinarie, paranormali, che ci permettono di rilevare l'errore. Sarebbe quasi impossibile capirlo dalla pronuncia, perché ovviamente l'articolo confonde. Ma noi, col nostro terzo orecchio rinascimentale, lo capiamo. E lo correggiamo. E quando la gente ci dice: davvero? E che differenza c'è? Noi sorridiamo e ci giriamo, indicando la facciata della chiesa della Santissima Annunziata, con gli affreschi di Pontormo, o l'infilata di via dei Servi, raccontando la storia delle macchine parcheggiate. È talmente radicato il pregiudizio della superiorità culturale di un fiorentino su chiunque, che nessuno insiste. Provate a dire a qualcuno di qualsiasi parte del mondo che siate nati a Firenze. Guardate come reagisce: gli si stampa sul viso un sorriso ebete e da quel momento vi darà ragione per sempre, su qualsiasi argomento.

Così la gente ascolta che cosa abbiamo da dire su Pontormo, o sulle Cinquecento, poi va a casa e cerca su google «spedale». E scopre che è la stessa cosa. Anzi, che google, con pragmatismo americano, suggerisce «forse cercavi ospedale».

E giustamente pensa che i fiorentini sono un po' stronzi. Che oltretutto, allo stadio di evoluzione raggiunto dalla lingua italiana, forse sarebbe anche il caso di darsi una calmata con tutti questi congiuntivi e questi passati remoti. E che per usare l'aggettivo «codesto» bisognerebbe indossare le ghette e uscire in carrozza, masticare tabacco e ascoltare musica col fonografo. Dire «codesto fonografo» va bene, ma dire «codesto Ipod», per esempio, è una cosa un po' stronza.

Non mi ha mai convinto molto la preservazione di una cosa a tutti i costi. L'accanimento con cui si tenta di convincere i panda a scopare, per esempio, mi sembra imbarazzante. Forse il loro compito sulla terra si è esaurito, forse i panda in questo momento sono la specie padrona in un'altra galassia e hanno bisogno di chiudere i conti con la terra e gli ultimi esemplari hanno la consegna di non riprodursi. Che ne sappiamo noi? Anche le lingue del mondo possono slittare. Lo fanno già, e questa forse è la mossa di una strategia che ancora non riusciamo a decodificare. Vediamo cosa accade, diamogli tempo.

Certa autarchia linguistica, mi pare, crea solo confusione e fatica in più. Qualche tempo fa cercavo in rete un programma per decomprimere files, un aggiornamento del mio stuffit expander che non funzionava più. Nel sito, in italiano, lo trovo. Fai clic su preleva, mi dice. Preleva? Io non sono certo un hacker, ma per i programmi si fa un download, non si preleva.

E qual è la parola italiana per *default*?

«L'unica cosa che conta» scrive Etty Hillesum nel suo diario, prima di morire ad Auschwitz nel novembre del 1943, «è offrirsi umilmente come campo di battaglia». Avrei voluto che questo fosse il blasone della mia vita, e invece non faccio altro che difendermi da tutte le invasioni. Ma so di sbagliare, e so che le parole di Etty sono la soluzione all'apparente conflitto tra dentro e fuori di qualsiasi cosa. Compreso Firenze. Come diventa migliore la sua lingua quando si trasforma in un campo di battaglia. Machiavelli, Tommaso Landolfi, Romano Bilenchi hanno creato un fiorentino meticciato, impuro, rifecondato da altre residenze, altri amori. La loro lingua ha la serietà e la bellezza di un'opera del mondo. Altri no, hanno cercato la purezza e trovato soltanto stilismi, acrobazie, endogamie senza futuro.

Ma lasciarsi attraversare è un'arte. Offrirsi umilmente come campo di battaglia. Davvero somiglia all'amore, a quell'alternarsi di accoglienza e invasione. Ci vuole intelligenza e rispetto, l'invasore e l'invaso devono volere la stessa cosa. A Firenze, quando si pensa a un'invasione, torna fuori la storia di Foot Locker. Che è più o meno come la storia di McDonald's, ma successiva, e quindi cadde in un vaso già colmo che infatti traboccò.

Forse anche per la bruttezza. D'accordo le insegne grandi come miniappartamenti e illuminate al fosforo, d'accordo anche la puzza di fritto piacevole come una zaffata di zyklon B, ma quelle vetrine piene di scarpe da ginnastica erano difficili da tollerare. Anche Satana fa lo sforzo di travestirsi, persino la strega di Biancaneve. Il male allo stato puro, senza trucco, è troppo puro per chi paga in cascate di dollari. Per questo la città si ribellò. Un po'. Non mi ricordo come si espresse Oriana Fallaci al proposito. I fiorentini dissero che McDonald's aveva almeno avuto il buon gusto di aprire alla stazione. Ma in via Calzaiuoli, a due passi dalla chiesa di Orsanmichele...

(Ah, come godo a scrivere *Orsanmichele*! È ancora più bello di spedale. Con questa enne e questa emme così impropriamente vicine ma inesorabilmente giuste, giustissime.)

Foot Locker, nonostante la disapprovazione della città e l'orrore delle scarpe da ginnastica, aprì. Comprarono due vetrine su una strada storica nella città più bella del mondo per esporre monnezza. Questo non solo non somiglia per niente all'amore, ma forse non è neanche un'invasione. È solo esercizio di potere, esibizione muscolare.

Eppure io credo che quando una lingua, una cultura hanno bisogno di essere protette, come i panda, è quello il momento esatto in cui lasciare la corda e vedere che cosa accade. Forse si estinguerà, forse morirà e risorgerà rigenerata. Più probabilmente, come facevano i nobili che ingravidavano le serve per rinverdire i geni consunti da secoli di accoppiamenti tra simili, riprenderà fiato. Allentare la guardia sui congiuntivi e gli aggettivi dimostrativi, secondo me, è la vera arma contro Foot Locker. La cosa migliore è che trovino la città sguarnita, quando arriveranno coi carri armati.

10
pipistrello ti par bello far pipì dentro l'ombrello?

Con la Cinquecento andavamo a comprare le paste, in piscina, al mare in Versilia (con tutti i bagagli accatastati sul tetto) e a trovare la mia nonna, la madre di mia madre, che abitava in via Baldesi, in una casa con stanze gigantesche e un armadio, con le ante di vetro chiuse a chiave, pieno di libri. Praticamente lo stesso giorno in cui computai la mia prima parolina, mia nonna Renata mi regalò un libro. *Amato topino caro*, una raccolta di poesie di Toti Scialoia illustrate da lui stesso, in un'edizione bianca e verde con le scritte in rosso, di Bompiani.

Pipistrello ti par bello
far pipì dentro l'ombrello?

Piccoli miracoli. Sono grata a mia nonna Renata per avermi indicato con chiarezza e dall'inizio qual era la via maestra della letteratura. A scuola, invece, mi facevano leggere le fiabe. Mi fanno schifo le fiabe, adesso come allora. Capisco che è una posizione un po' rozza, ma sono come quei bambini che per mangiare le zucchine ci si fanno mettere sopra il ketchup: se devo leggere una fiaba, che sia almeno zozza. Mi piace Boccaccio, certe novelle delle *Mille e una notte*, ma se volete farmi male imponetemi le fate o gli gnomi.

In fondo a un sentiero dove si sdrucciola

Per tutta la notte mi chiama una lucciola

Mia nonna arrivò a Firenze quando era poco più di una bambina. Il padre faceva il servo di scena di Ernesto Rossi, il grande attore. Ho il suo passaporto, un foglio ripiegato in quattro sul quale è scritto «il Ministero per gli Affari Esteri prega le Autorità Civili e Militari di Sua Maestà e delle Potenze amiche ed alleate di lasciar liberamente passare Trucchi Ettore [il mio bisnonno] fu Mariano, il quale viaggia in Russia e Romania (Europa)

e conduce seco la propria moglie Fontanesi Luisa, di Luigi, di anni 29». Il documento è datato 1896. In quello stesso anno Ernesto Rossi si ammala, a Odessa, e al ritorno in Italia muore. Per anni, nella mia famiglia, si è favoleggiato di un baule che avrebbe contenuto gli oggetti di scena e i costumi del grande attore. Si diceva che ce l'avesse mia nonna, ma mai con chiarezza. Nessuno diceva il baule è in cantina, o in quella stanza che non viene mai aperta. Solo ogni tanto qualcuno diceva che avrebbe potuto esserci un baule, da qualche parte.

Mia nonna ha diviso per tutta la vita la casa di via Baldesi con suo figlio Carlo. Detto Carlino per la sua evidente riluttanza a diventare un adulto come gli altri. Non si è mai sposato, non ha figli, non ha mai voluto immaginare la sua vita come un piccolo progetto, funzionale al grande progetto dell'umanità. È curioso che due dei quattro figli di mia nonna Renata, una dei quali è mia madre, non abbiano a loro volta dei figli. Nella mia famiglia ci deve essere una specie di gene in più (o in meno) che determina un particolare scetticismo rispetto al futuro, a quella idea generalmente congenita negli esseri umani che l'universo è una macchina e ognuno di noi un dente dell'ingranaggio, il cui unico compito è quello di riprodursi. Non siamo gente che si dà fuoco nelle piazze, ma silenziosi sabotatori del sistema. Anarchici solitari ma incoercibili.

In quella casa non c'erano stanze segrete. O se c'erano, la loro segretezza è stata un capolavoro. Non è saltato fuori niente, neanche quando, alla morte della nonna, è stata venduta. Mio zio Carlino è l'orgoglioso custode delle storie di famiglia, di tutto quel patrimonio di aneddoti che riguarda il versante romagnolo dei miei parenti, originari di un minuscolo paesino dall'incredibile nome di Terra del Sole. Se ci fosse stato davvero un baule, lui lo saprebbe. Semplicemente, come la più classica delle leggende, di questo scrigno di meraviglie non esiste altro che il suo racconto.

I miei bisnonni quindi scorazzavano per l'Europa dietro ai vezzi di Ernesto Rossi. Attore famoso soprattutto per un'interpretazione di Amleto, dicono, molto innovativa. Introspettiva, psicologica, seria. La prima, almeno in Italia, che rifiutava il corredo di smanacciamenti, occhi strabuzzati, impresentabili tagli al testo che trasformavano le parole di Shakespeare nel canovaccio di un *one man show*. Ettore e Luisa attendevano amorosamente alle esigenze e ai capricci dell'attore (sublime, per capire chi fossero i servi di scena e quali le loro competenze anche di assistenza psicologica, il film di Peter Yates *Il servo di scena* con Albert Finney e Tom Courtenay), dalle Alpi alle Piramidi, spingendosi fino in Turchia.

Intanto mia nonna Renata languiva a Bologna. Affidata a sua volta ai nonni. Un giorno si stufò e decise di partire per Firenze. Aveva quattordici anni, era piccola ma bella, e disse che sarebbe andata a casa di alcuni parenti. Si fece dare una stanza da sola e iniziò a lavorare. Fece di tutto, persino i calendari. Per uno di questi posò vestita da odalisca.

Conobbe gli artisti e frequentò le Giubbe Rosse, il celeberrimo caffè «dei futuristi», ormai quasi innominabile per tutto il carico di retorica che si trascina dietro. Nucleo atomico di creatività, ma anche quintessenza dell'odiosismo fiorentino. Ah, povero Papini, avesse saputo che anche il suo caffè sarebbe stato confezionato e riproposto come nostalgia, lui, l'autore di *Morte ai morti!*, che sul palcoscenico del teatro Verdi, il 12 dicembre 1913, scansando cipolle e patate lanciate dal pubblico eccitato, sbraitava:

«Perché Firenze smetta di essere un museo a uso dei forestieri e diventi un tumultuoso bivacco d'ingegni d'avanguardia è necessario che i fiorentini rinneghino se stessi. È necessario calpestare quel che abbiamo esaltato... bisogna avere il coraggio di urlare che noi viviamo alle spalle dei morti e dei barbari. Siamo bidelli di sale mortuarie e servitori di vagabondi esotici».

Ma del resto, anche il talento e l'intelligenza di Papini abbandonarono le furie, per ripiegare in un ampolloso cattolicesimo assai poco avanguardista.

11
le Giubbe Rosse

Le Giubbe Rosse è proprio lì, nel centro dello struscio, dove i turisti si contendono a gomitate grembiuli da cucina sui quali è riprodotto il David di Michelangelo. In scala, perché il suo pisello di marmo (che a grandezza naturale è grande più o meno come un femore) si sovrapponga al pisello americano, russo, cinese dello spassoso acquirente. Tra il Duomo, il Ponte Vecchio e piazza Strozzi, il triangolo della Bermuda della cultura rinascimentale. Eppure la piazza sulla quale si affaccia è orrenda.

«La più antiestetica e borghese piazza che possa esservi al mondo: la Piazza Vittorio Emanuele II, quadrata e chiusa da tre lati con palazzi mediocri, sforacchiata nel quarto dai più volgari portici che mente umana di architetto abbia mai potuto concepire, con nel mezzo del quadrato un tronfio monumento equestre al Gran Re. E come se tutto ciò non bastasse un mostruoso gruppo di gesso o di alabastro composto da una donna e da angioli con lunghe trombe sormontava l'arco centrale dei portici; una lapide gigantesca avvertiva il cittadino malaccorto e forestiero, che quello era 'l'antico centro della città, da secolare squallore a vita nuova restituito'.»

Tutto vero, anche se adesso il nome è cambiato in piazza della Repubblica, la bruttezza è intatta. La stessa che Alberto Viviani, poeta futurista e autore di un libro molto divertente sulle Giubbe Rosse (dal quale è tratta la citazione), descrive con tanta arguzia. Ma è moderna, o almeno era modernissima ai tempi in cui il caffè divenne famoso. Fu costruita sulle rovine dello zozzissimo mercato e del ghetto ebraico, che aveva per confini via Roma, via Brunelleschi e via de' Pecori.

Una zona ritratta tante volte da Telemaco Signorini. Viene voglia di pensare che i «vociani» scelsero quella sede proprio per questo, perché era moderna. E per ribadire la loro idiosincrasia per il passato e le sue rovine, privilegiando il nuovo seppur brutto.

Il locale era di proprietà di due tedeschi, i fratelli Reininghaus, fabbricanti di birra. I fiorentini, trovando quel nome straniero troppo difficile da pronunciare (o semplicemente troppo poco fiorentino), presero a dire che andavano da quelli delle giubbe rosse, riferendosi alle divise dei camerieri in stile viennese, smoking rossi appunto con sopra il grembiule bianco.

Nella prima sala si beveva birra e si leggevano i giornali italiani e stranieri, nella seconda c'era il ristorante e la terza, grazie a un piccolo affitto mensile, ospitava il tranquillo «circolo scacchistico fiorentino», fondato da «gente metodica e malinconica per eccellenza, quasi tutti cancellieri o magistrati della Corte di Appello, farmacisti, ingegneri senza progetti e avvocati senza più cause», sempre secondo la descrizione di Viviani. Gente che amava sedere in silenzio per ore, sfidandosi al gioco meno estroverso del mondo. Fin quando arrivarono gli artisti.

Presto la terza sala delle Giubbe Rosse divenne la sede elettiva della neonata rivista «Lacerba», il cui primo numero uscì il 1° gennaio 1913. «Qui non si canta al modo delle rane» recitava il sottotitolo nella prima di otto pagine, acquistabili al prezzo di quattro soldi, due volte al mese. Giovanni Papini e Ardengo Soffici la inventarono, l'editore Attilio Vallecchi la pubblicò.

Giubbe Rosse è quella cosa

che ci vanno i futuristi,
se discuton non c'è cristi,
non puoi più giocare a dam...

Queste strofette me le recitava sempre mio zio Carlino, quand'ero piccola. Si tratta di un tipo di componimento epigrammatico che i lacerbiani definivano «maltusiano», in onore dell'economista inglese Thomas Robert Malthus. Quello del *Saggio sul principio di popolazione*. Ma cosa c'entra un economista ossessionato dall'incremento demografico con la poesia?

Maltusiano è quella cosa
ch'ogni cosa agguanta e inguanta
il pungetto bene impianta
ma si ferma sul più bel.

Chiara la metafora? Insomma, gli allegri lacerbiani avevano inventato un metro poetico che prendeva spunto dal coitus interruptus (metodo contraccettivo in accordo con le teorie di Malthus). Sfilandosi un attimo prima della fine, tagliavano via la codina dell'ultimo verso. E di questa forma poetica divennero maestri. Sulla rivista ne pubblicarono parecchie, tutte riconducibili al terzetto Soffici, Papini, Folgore, alcune delle quali molto divertenti:

Macellaro è quella cosa
che sa far le cose sue,
sulla porta scrive bue:
dentro vende del caval.

Socialista è quella cosa

> ch'urla e strepita al comizio,
> ma che fugge a precipizio
> se compare il questurin.
>
> Calamaro è quella cosa
> che c'intingon tutti quanti
> è un esempio per gli amanti
> che si vogliono ammogliar.
>
> È Lacerba quella cosa
> che ha scrittori molto fini,
> è diretta da Papini
> ma gli manca l'apostrof.

Le Giubbe Rosse, oltre alla poesia, ospitò talvolta anche risse feroci. Una la racconta Viviani, e prende origine da una stroncatura fatta da Soffici alla prima mostra dei pittori futuristi di Milano, pubblicata su «La Voce». Il 30 giugno 1911, Filippo Tommaso Marinetti, Umberto Boccioni e Carlo Carrà arrivarono in banda per vendicare l'offesa e si precipitarono senza esitazione al caffè dove sapevano che lo avrebbero trovato. Per sedare lo scontro, i cazzotti dei futuristi e la risposta altrettanto violenta di Soffici e dei fiorentini, dovette intervenire la polizia.

Il giorno dopo, la rissa riprese alla stazione, dove i fiorentini avevano raggiunto i futuristi pronti a ripartire, fin quando tra uno schiaffo e l'altro non si resero conto che le affinità superavano le divergenze. Nacque così, a suon di schiaffi, l'adesione dei fiorentini al movimento futurista.

12
la comunione al lanciacristi

Mia nonna era poco più che una bambina, ma sedeva lì, nella terza sala. Non so niente di cosa accadesse, non me ne ha mai parlato, ma immagino che bevesse i suoi caffè o le sue limonate, mettendo in mostra la sua giovinezza spregiudicata e allegra.

A Firenze aveva preso lezioni ed era diventata stenodattilografa. Proprio come *La ragazza Carla* di Elio Pagliarani:

Carla Dondi fu Ambrogio di anni
diciassette primo impiego stenodattilo
all'ombra del Duomo

Sollecitudine e amore, amore ci vuole al lavoro
sia svelta, sorrida e impari le lingue
le lingue qui dentro le lingue oggigiorno
capisce dove si trova? TRANSOCEAN LIMITED
qui tutto il mondo...
è certo che sarà orgogliosa.

Anche mia nonna Renata, mi racconta sempre lo zio Carlino, era orgogliosa del suo nuovo lavoro. Era stata assunta da un settimanale, «Israel», una rivista di ispirazione sionista fondata nel 1916 da Dante Lattes e Alfonso Pacifici. Ma la faccenda non durò molto. Prima ancora che la prefettura di Firenze ne ordinasse la chiusura, gli esponenti del Comitato degli italiani di religione ebraica, fascisti, ne devastarono la sede. Mia nonna trovò lavoro in altre riviste, fin quando non si sposò e partorì quattro figli.

Noi non siamo ebrei. Io sono stata battezzata, ho fatto la

comunione e anche la cresima. Tutto prima dei tredici anni, come si usa per evitare che anche un'embrionale consapevolezza possa guastare la festa. La mia consacrazione avvenne nella hall del lanciacristi, il cui squallore anni settanta può essere paragonato soltanto alle chiese di Las Vegas, quelle dei matrimoni con il sosia di Elvis Presley. Per rendere la faccenda ancora più grottesca, il parroco aveva imposto per tutte noi bambine un'identica divisa. La motivazione, nobile, era che la comunione non divenisse una passerella di fronzoli, la scusa per indossare abiti pseudo-matrimoniali che oltretutto avrebbero reso evidenti le differenze di disponibilità economiche delle famiglie. Nobile, davvero. Ma perché da suora?

Oltretutto, in quelli che erano ormai gli anni settanta, la moda era già di per sé democratica. Ci rendeva tutti uguali, proprio come adesso. Stava bene a pochi e malissimo a tutti gli altri, e anche qui è come adesso. Ma di bello aveva, a differenza di adesso, che non costava un cazzo.

A parte i vestiti, che compravamo luridi e usati, come i cappotti e le giacche, erano gli accessori a fare di noi dei veri comunisti dell'immagine. I braccialetti ce li facevamo da soli, intrecciando fili di cotone colorati su un telaio improvvisato, ricavato dalle scatole da scarpe. O annodando gli stessi fili secondo un disegno complicatissimo ispirato al macramé. Un anno portammo tutte quante agli orecchi e al collo dei ciucci di plastica trasparente che costavano cento lire l'uno o poco più. Qualche anno prima, con le stesse perline che erano servite a fare collane lunghissime che portavamo anche al braccio, decorammo gli spilli da balia. Li attaccavamo agli spacchi dei jeans, o anche sui maglioni. Per una spesa di molto inferiore al pacchetto di sigarette. Per truccarci usavamo il kajal marocchino e sulle guance ci passavamo la terra, che si comprava in vasetti di coccio. Durava talmente tanto che di nascosto la versavamo nel lavandino, per esasperazione. Gli orologi erano digitali, e costavano così poco che nel giro di qualche anno diventarono il regalo nelle patatine. Poi sono arrivati gli swatch (cinquantamila lire). Quanto alle borse, investivamo un piccolo capitale per averne una di cuoio a sedici anni, e a venti la portavamo ancora in giro, impreziosita dal suo capitale di slogan politici e frasi prese dai libri, copiate con la penna biro nella parte interna e anche fuori.

Forse sul momento neanche me ne resi conto. Né io, né le venti ragazzine che come me furono costrette a indossare una specie di costume di Carnevale, formato da una tunica bianca legata in vita da un cordone e il velo in testa, sempre dello stesso colore bianco, uno di quei copricapi doppi che chiudono la fronte fino alle sopracciglia e sopra hanno il velo vero e proprio che scende sulle spalle. Quello delle suore, preciso e sputato. In alcune foto ho le mani giunte, con un rosario intrecciato. Sono foto in bianco e nero, alcune ambientate in chiesa, altre in casa mia. Quando le vedo rabbrividisco. Mi chiedo come una cosa del genere possa essere permessa. Stavamo facendo la comunione, non le prove per diventare novizie. Non che io sappia, almeno. Ripensandoci, forse era una specie di strategia di persuasione occulta. Ma non funzionò. Quando le vedo, mi sento piuttosto come quelle attrici famose che finiscono nei siti pornografici, grazie a fotomontaggi del loro volto sul corpo di qualche pornostar. Sono io, ma non sono io. È terribile, come se mi avessero rubato l'identità per fare qualcosa che mi ripugna moralmente. Nella mia espressione, e in quella delle altre ragazze, c'è qualcosa di tossico, una fissità incredula. Sembra davvero che ci abbiano drogate.

E invece è la fede. Quella predisposizione a essere ingannati che ci fa spalancare la bocca davanti al mezzo sigaro lasciato da Babbo Natale vicino all'albero, o nascondere sotto le coperte per paura del lupo cattivo. Che ci impone una ritualità bizzarra fatta di ostie che sono corpi di cristo e croci disegnate sulla fronte con l'olio, che assegna alla nostra morte una residenza tra le fiamme dell'inferno o nella pace del paradiso secondo un complesso sistema di punti. Quasi tutti a un certo punto della vita smettono di credere a Babbo Natale, o al lupo cattivo. Altri si ritrovano anche senza il conforto dell'acqua santa. Quando mia nonna mi disse che quello che avevo creduto per tutta la vita era falso e che noi eravamo ebrei, io fui abbastanza felice. Non ho mai fatto una classifica tra religioni, ma sapevo che, se fossimo stati ebrei, non ci sarebbe stato nessun lanciacristi e non avrei mai dovuto vestirmi da suora per ricevere un sacramento che avrebbe dovuto trasformarmi in un soldato di cristo.

13
Laura

Ma quel giorno, purtroppo, mia nonna non era molto in sé. Stava sdraiata nel letto nel quale sarebbe morta dopo poco, e io ero seduta vicino a lei. Come sempre in questi casi, alternava momenti di lucidità a scorribande nel delirio. Ascoltare i monologhi di un anziano non più in sé somiglia a vegliare accanto a qualcuno che parla nel sogno. Le stesse frasi spezzate, gli stessi ragionamenti apparentemente logici ma che si rivelano vicoli ciechi, ghirigori senza soluzione. Il pensiero di mia nonna, quel giorno, si svolgeva a partire da Amedeo Modigliani, il pittore.

Modigliani era nato a Livorno, e questa sua cittadinanza era già un tassello. Poi iniziava una faccenda di cugine e cugini, un reticolato complessissimo che mia nonna, apparentemente, dominava con abilità circense. All'altro capo della rete, dopo infiniti passaggi, c'eravamo noi. La nostra famiglia, diceva mia nonna, era parente di quella di Amedeo Modigliani, e quindi anche noi eravamo ebrei.

Non è vero. Nessuna delle due cose è vera. Ma è curioso che, prima di morire, mia nonna Renata mi abbia consegnato questo falso testamento perché fin da bambina, e a prescindere dal lanciacristi, io avrei sempre voluto essere ebrea. Per vari e tutti futili motivi. Prima di tutto perché quando io ero bambina a Firenze non c'erano i cinesi, gli africani, le ucraine. Per la gioia di Oriana Fallaci, all'ombra della cupola del Brunelleschi c'eravamo solo noi, bianchi cattolici mangiatori di bistecche e pappe al pomodoro. E gli ebrei. Per me gli ebrei costituivano l'unica esperienza disponibile dell'altro.

Mangiavano cose diverse, celebravano altri riti e santificavano feste dai nomi impronunciabili, avevano cognomi che con un po' di allenamento potevi apparentare, riconoscere. Forse anche perché il mio cognome, pur essendo senza alcun dubbio siciliano, non suona per niente come un tipico cognome siciliano, percepivo come un privilegio la possibilità di presentarsi come Sarah Cohen o Gad Levi Zaccaria Neppi o, appunto, Amedeo Modigliani, e non aver bisogno di aggiungere altro. Quanto la famiglia come istituzione mi sembra strutturalmente fallimentare, formidabile incubatrice di rancori e repressioni, nello stesso modo mi sono sempre sentita attratta dalle comunità.

E poi c'era Laura. Nessuna delle mie amiche era come lei. Aveva la mia età, ma sapeva tutto. Era colta come se avesse vissuto già una vita intera e leggesse e studiasse con me solo per farmi compagnia, quando avrebbe potuto passare le sue giornate a pettinare i suoi lunghi e nerissimi capelli ebrei. Laura era la donna più intelligente e matta che avessi mai incontrato. Non rideva mai e raramente alzava lo sguardo da terra.

Una volta partimmo insieme per un viaggio. Andammo al festival di Avignone e a Cadaqués, a vedere dove aveva vissuto Dalí e il museo. Con Laura non si poteva andare in vacanza al mare, o fare un normale *inter-rail*. Io ero contenta, anche se non mi ricordo uno solo degli spettacoli del festival e in treno mi rubarono tutte le valigie. Ma Laura no. Si annoiava, sempre. C'era sempre qualcosa che la metteva a disagio. Il sole, le zanzare, la bruttezza delle cose. Laura detestava l'imperfezione, l'ingiustizia e l'ignoranza. Aveva uno di quei caratteri che ti tengono sempre in tensione. Non era antipatica, o cattiva. Era impegnativa. Ma io, come tutti gli adolescenti, in quel periodo amavo tantissimo le persone impegnative. La vita mi sembrava troppo noiosa e non vedevo l'ora di complicarmela. Tutta l'energia che abbiamo a quell'età ha bisogno di essere distolta, altrimenti esplodiamo. Come gli affluenti che si gonfiano per alleggerire la piena del fiume. Da adolescenti abbiamo tante vite tra le quali scegliere. Quando assumiamo un'identità, un lavoro un amore dei figli, cominciamo a morire.

Laura aveva un amore che era stato mandato in guerra. Chi di noi adolescenti cattolici poteva vantare qualcosa di simile? Aveva le sue lettere dal fronte, e temeva ogni giorno per la sua vita. Combatteva in Libano, credo, ma avrebbe voluto scrivere poesie e suonare. Certe volte Laura si metteva a piangere quando parlava di lui. In quei momenti ripensavo alla mia divisa da suora e mi vergognavo ancora di più. Avrei voluto tantissimo essere ebrea e avere qualcuno che mi spedisse lettere ciancicate e sporche del grasso dei cannoni.

Anche la mamma di Laura era diversa. Alta, grossa, scura. Vestiva in maniera austera e aveva una voce potente. Era impossibile immaginarla a fare cose come andare dal parrucchiere e comprare vestiti, depilarsi, truccarsi, leggere la rubrica di oroscopi in fondo ai quotidiani.

Non era l'unica. In quegli anni c'erano le madri femministe, le madri comuniste, le madri che si facevano le canne e avevano tatuaggi a forma di animali sul polso, le madri punk, quelle che avevano partorito i figli nell'acqua, al mitico ospedale di Poggibonsi, e quelle che si erano svegliate dall'anestesia del cesareo e avevano chiesto una sigaretta. Dove sono oggi tutte queste mamme? Finita la stagione degli esperimenti, adesso sembrano tutte ugualmente affannate e sconfitte sotto lo sguardo severo del dio del senso di colpa.

Ma la mamma di Laura non apparteneva a nessuna di queste categorie. La sua specialità era fisica. Come fosse capitata tra noi da un altro luogo, e soprattutto da un tempo in cui l'essere umano aveva una densità, una potenza biologica diversa. Quando ho iniziato a leggere Philip Roth ho capito che la mamma di Laura era semplicemente una *yiddish mama*, proiettata più sul versante sionista che su quello matriarcale. Malgrado una muscolare fede nella religione e in tutte le sue forme rituali, Laura non sapeva infatti quasi niente di cibi *kosher* e pasticcini. Il suo ebraismo, evidentemente modellato su quello della madre, era tutto libri e fucili, furori e discussioni.

Il corpo di Laura, dalla pelle candida e gli arti magrissimi, non aveva niente a che vedere con quello della madre. Anche se talvolta poteva stupirti con scatti e prese insospettabilmente solide, Laura era una ragazzina magra e vibrante. Però si arrabbiava tantissimo e per molti motivi, alcuni dei quali imprevedibili. L'ultima volta che l'ho vista si è arrabbiata con me. Non so perché, non lo sapevo neanche allora e adesso comunque l'avrei dimenticato. Io dimentico quasi tutte le offese, Laura no.

14
la sinagoga

Mi manca Laura. So che adesso ha cambiato nome, ne ha scelto uno più ebreo del suo, ma non è Modigliani. È stato soltanto dopo essere stata espulsa dal circolo ristrettissimo degli amici di Laura che sono entrata per la prima volta nella sinagoga. Prima mi vergognavo, e non solo perché mi era quasi impossibile evitare ogni volta di confondermi e chiamarla moschea. È tremendo, lo so. Ogni volta mi sentivo morire. Mi capitava come quando parli con un cieco e non fai altro che dire vedi, hai visto, vorrei vedere. Se sapevo che il mio interlocutore era ebreo, facevo di tutto per non doverla nominare. Mai mi sarei azzardata a chiedere a Laura di accompagnarmici. Sono sicura che se per caso le avessi detto perché non mi accompagni a vedere la moschea, anziché sinagoga, lei mi avrebbe umiliata, forse mi avrebbe chiesto di uccidermi, secondo i principi del suo privato e rigidissimo codice d'onore. O di andare a combattere per la causa di Israele. Mi immaginavo la lettera con la quale il suo fidanzato avrebbe descritto a Laura la mia morte sul fronte libanese. La mia divisa di soldatessa israeliana finalmente macchiata del sangue che avrebbe espiato il mio sacrilegio.

Ma non solo per questo. Se fossi andata con lei, avrei sbagliato tutto, avrei messo le mani nei posti sbagliati e fatto commenti che l'avrebbero disgustata. L'ebraismo, nel ristrettissimo circolo degli amici di Laura, era una faccenda troppo seria per essere affrontata come una gita scolastica.

All'interno la sinagoga (so che sembra incredibile, ma avevo scritto moschea) di Firenze, come tutte le sinagoghe del mondo, non è niente di speciale. Fuori, come tutte le sinagoghe del mondo, è blindata. Si entra da via Farini, una traversa della solita piazza d'Azeglio, quella con me e mio fratello Antonio che andiamo alle elementari tenendoci per mano e del maniaco sessuale con l'impermeabile. Ma anche alzando la testa negli innumerevoli tragitti verso scuola, non avremmo potuto vederla. Neanche la cupola, nascosta dalle cime degli alberi. Ma mentre mi aggiravo per la città controllando qualche indirizzo, nomi di strade che sarebbero finiti dentro questo libro, mi è capitato di intrufolarmi in una minuscola comitiva che aveva il privilegio di una visita della cupola dall'alto.

Mentre salivo sopra un montacarichi rumoroso e traballante, carezzando i fianchi della mo... sinagoga, pensavo a che faccia avrebbe fatto Laura se avessi potuto raccontarglielo. Ci accompagnava l'architetto Renzo Funaro, direttore dei restauri, che manovrava quello scheletro di ascensore con disinvoltura e orgoglio. A un'altezza vertiginosa, ben sopra i tetti di tutte le case del quartiere, ci siamo fermati, siamo scesi e siamo approdati sopra le impalcature, che giravano tutto intorno all'edificio. Per un attimo ho pensato che sarei morta, che il castigo di Laura si era messo in moto nonostante tutte le mie precauzioni. Ecco, pensavo, adesso queste assi di legno, poggiate una accanto all'altra in modo apparentemente precario, si apriranno e io cadrò fino a terra, come quei diavolacci che osarono ribellarsi a dio.

Ma le assi non si sono aperte e io non sono caduta giù. Anzi, dopo qualche istante ho recuperato coraggio e ho potuto ascoltare la descrizione dei lavori che sono stati fatti per ripulire le pietre macchiate dalla pioggia, per riorganizzare il sistema delle grondaie. Mi sono perfino affacciata nell'intercapedine che sta tra la cupola e l'interno del tempio, una specie di camera d'aria, un corridoio vuoto. Salendo scale che nessuna persona dotata di buon senso salirebbe, si arriva, promette l'architetto Funaro il cui buon senso deve esser stato sconfitto dalla passione per il suo lavoro, in una stanza affacciata sulla città. Un piccolo studiolo. E dopo averlo detto, si infila davvero in quella misteriosa intercapedine. Quanto a me, aver infilato la testa dentro sporgendomi dalle impalcature rendeva la mia giornata già abbastanza avventurosa.

Non avere figli, non doversi trascinare dietro qualcuno che si spazientisce e quindi piange e urla è socialmente riprovevole ma dal punto di vista pratico permette una grande agilità. Quando si è trattato infatti di formare il gruppo che per primo sarebbe ridisceso a terra, io, con un gesto che per i padri e le madri presenti era puro altruismo, ho ceduto il mio posto. Non potevamo scendere tutti insieme e io, che appunto non dovevo tenere a bada nessuna belva, avrei aspettato che il montacarichi tornasse a prendermi, senza problemi. Con questo trucco travestito da buona azione, sono riuscita a rimanere sola, sospesa a chissà quanti metri da terra, a guardare la città. In silenzio, come se Firenze fosse un posto qualsiasi e non il sogno erotico di tutto l'occidente.

Perché Firenze è bella?

Tutto ciò che precede l'intervento degli esseri umani è bello. Il mare è bello, sempre. Il tramonto, la luna piena, le curve della campagna toscana. Il creato non è mai brutto, e non lo è mai stato in nessuna epoca della storia.

Gli animali sono quasi tutti belli. Aironi, farfalle, pantere sono più belli di piattole, pipistrelli, iguana. E anche tra gli aironi le farfalle e le pantere ci saranno esemplari più agili, dalle piume più lucide o i colori più sgargianti. E peggio ancora sono gli uomini e le donne. La loro bellezza è la più discutibile di tutte. Sono mostri o Adoni a seconda dei gusti dell'epoca, della razza, dell'età, della moda. Siamo belli con le tette grandi o con le tette piccole, tatuati o depilati, gonfi di muscoli o sottili e vibranti come bambù? Un giorno qualcuno si domanderà come facevamo noi che vivevamo in quest'epoca ad amare labbra gonfie come lampadine, l'incarnato di pietra delle lampade abbronzanti, i capelli stoppacciosi dei trapianti, lo sguardo sottilissimo di occhi i cui alvei siano stati fissati dietro le orecchie.

Ultima, per attendibilità, è la bellezza delle nostre creazioni, cioè di quanto abbiamo lasciato sulla terra, artigiano dopo artigiano, artista dopo artista. Se sia possibile dire che una chiesa, un quadro, un tetto o una facciata siano oggettivamente belli, per chiunque e in qualsiasi tempo. Una città yemenita, le piramidi, via Calzaiuoli sono belle in maniera inoppugnabile e per lo stesso motivo? E se sì, quale? Cosa rendeva Firenze, a me che la guardavo da sopra la cupola della sinagoga, finalmente bellissima?

C'è chi dice che la bellezza è una specie di eco. Di quanto abbiamo fatto, quasi tutto smette di vibrare prima o poi. Alcune cose il giorno dopo la loro inaugurazione, altre quando la moda cambia. Alcune cose resistono fin quando la generazione che le ha messe al mondo ne sostiene con forza la validità. Ma quasi tutto dopo un po' di tempo tace. La bellezza no, continua a parlare alle persone, anche a chi non sa niente. Non si ferma, produce reazioni in chi guarda, come se risuonasse ancora e ancora. Un pendolo che vibra in eterno.

Non lo so se è vero. Non lo so se esistono creazioni mantenute in vita dall'eco che emanano, non lo so se tutti sono in grado di recepire la bellezza, la vera bellezza, nello stesso modo e senza discussioni. Basta far leggere, a qualcuno che non abbia mai letto un libro, *La metamorfosi*, o le *Elegie duinesi* o *I fratelli Karamazov*.

Allora perché, sola davanti a quella inedita e inaspettata veduta di Firenze, sentivo che nessuno avrebbe potuto metterne in dubbio la straordinarietà? Perché Firenze è bella?

Forse dove finisce il gusto, inizia un territorio che ha una densità diversa. Non è più una sensazione, ma un sentimento. Ci sono creazioni che, grazie a un imponderabile talento del creatore – o addirittura del tempo nel quale vengono create, o dello spazio, come nel caso di una città che sgocciola esteticamente di casa in casa –, finiscono per sovrapporsi in maniera perfetta al desiderio di chi guarda, o legge.

È una questione di proporzioni, di clima. Come vestiti che calzano alla perfezione. Solo che questo perfetto calzare non riguarda una persona, ma tutti quanti. Ogni generazione, ogni luogo ricrea questa relazione di piacere con l'oggetto, che produce quindi non una sensazione, ma un sentimento. La bellezza è un sentimento di appartenenza che miracolosamente riguarda una percentuale altissima di esseri umani.

Ma può essere insidiosa, come l'abbraccio di un angelo che non misura la sua forza sulla nostra debolezza... non è che il tremendo al suo inizio, dice Rainer Maria Rilke nelle *Elegie duinesi*. Davvero è come l'amore, che grazie al suo volto seducente fa scordare, ogni volta, quanto nasconde al suo interno: il suo contrario, lo strazio della fine, la sua morte. Il rovescio della bellezza di Firenze è la sua immobilità.

Guardando la perfezione dei tetti di Firenze, le terrazze proporzionate, il Duomo, San Miniato, la facciata della Santissima Annunziata... una stupefacente top ten di meraviglie architettoniche... ho avuto la sensazione che Firenze in quel momento fosse bella perché non mostrava nessuno sforzo, nessun tentativo di preservarsi. Da sopra la sinagoga, emanava un sentimento di calda appartenenza, come un tramonto.

La bellezza deve sfuggire all'immobilità. Deve potersi trasformare, deve marcire come la vita. Deve avere anche il coraggio di sparire se vuole compiere il proprio destino.

Firenze si degrada nei milioni di filmini e diapositive e fotografie che i turisti fanno ogni giorno. Come il cadavere di papa Giovanni Paolo II, immortalato da quella stupefacente massa di persone che sono rimaste in coda per giorni. È una forma gigantesca di cannibalismo, inteso però come forma rituale che assimila e rigenera le proprie vittime. Dalla cupola della sinagoga ho pensato una cosa assurda, che forse i turisti che assediano la città non sono i suoi parassiti, ma i suoi salvatori. Firenze, se non avesse spettatori, morirebbe. Come una trasmissione televisiva cancellata dal palinsesto per mancanza di audience. E forse sarà proprio questa mostruosità che è il turismo di massa a rimettere in gioco Firenze, e la sua bellezza.

15
i «Canti orfici»

Anche prima che la vecchiaia ne appannasse i ricordi, mia nonna non era molto prodiga di racconti. Della sua giovinezza coraggiosa mi arrivavano frammenti che avevano un sapore mitologico, soprattutto per la loro discontinuità. Una trama larga, dentro la quale potevo infilare con agio i particolari che desideravo. Col tempo, come accade, ho smesso di sapere quali cose avevo inventato io e quali mi erano state riferite come vere.

Tra queste la storia del libro. Ormai, dopo anni di ricerche infruttuose, dovrei arrendermi. Ci sono quasi, ma una parte di me ancora si ostina. Quando sono andata a trovare mio zio Carlino nella nuova casa, ho buttato per precauzione uno sguardo alla libreria. Inutile dire che del libro non ho trovato traccia.

E se fosse nascosto dentro una copertina diversa, se fosse ridotto a una serie di pagine non più rilegate, tenute insieme solo dalla spinta dei vicini di libreria? Potrebbe, ma la verità è che l'ho già cercato anche sotto queste mentite spoglie. Ogni volta che andavo a trovare mia nonna, mi facevo dare le chiavi della libreria con le ante di vetro e, cercando di non dar troppo nell'occhio, scartabellavo quei volumi marroncini, con le pagine gonfie di polvere e umidità.

Ne mancano tanti all'appello, quasi tutti, perché mai uno non poteva avercelo mia nonna? In fondo era lì, alle Giubbe Rosse, era giovane e bella. Qualcuno potrebbe addirittura averlo comprato per fargliene dono, come si compra la rosa agli indiani lagnosi e petulanti perché ci lascino mangiare in pace al ristorante e la si appoggia vicino al piatto di una donna. Me lo sono sempre immaginato così Dino Campana, come un poveraccio che andava di tavolo in tavolo, offrendo la sua merce senza dar tregua agli avventori. Un indiano lagnoso. Con quei pantaloni corti, gli stessi di inverno e d'estate, decorati come se fossero stati ricavati dal tessuto di una tenda, il gilet di pecora, i lunghi capelli biondo-rossicci. Era bello Dino Campana, con un corpo forte allenato sugli Appennini, molto diverso dagli intellettuali fiorentini, occhialuti e ripiegati. Virile e furente come i futuristi proclamavano di essere, ma mai davanti a lui. Nessuno voleva rischiare i pugni duri del matto di Marradi. A Firenze ci veniva a piedi, con una borsa piena di copie dei *Canti orfici*, stampate dalla tipografia di Federico Ravagli. Secondo il contratto, conservato al centro studi Dino Campana di Marradi, dovevano essere prodotti mille esemplari del libro, le cui spese furono coperte da una colletta tra paesani, patrocinata dall'amico di sempre Luigi Bandini. Ma il poeta ne ordinava un po' per volta, aspettando di esaurirle. Dicono che prima di venderle, al caffè delle Giubbe Rosse, osservasse a lungo l'avventore, per decidere se avesse diritto al libro completo. Spesso ne strappava alcune pagine, che quel lettore non avrebbe apprezzato, o delle quali non lo riteneva degno. Della copia venduta a Marinetti, alla consegna non rimase che la copertina.

Era stato scottato dal destino del manoscritto, una vicenda misteriosa e affascinante, mai chiarita fino in fondo. Campana aveva scritto il suo poema su un quaderno dalla copertina chiara e i fogli pesanti. Si intitolava *Il più lungo giorno*. Lo portò a Papini, perché lo leggesse. Questi lo consegnò a Soffici, perché lo confortasse nel giudizio positivo. Era il 1913, e da allora il libro scomparve. Campana ne fu devastato. Dal quel dolore nacque l'edizione marradese del 1914, che ebbe il nuovo titolo di *Canti orfici*.

Un paio di anni fa lessi per caso che quel manoscritto sarebbe stato battuto all'asta. Era stato infatti ritrovato, nel 1971, assai dopo la morte del poeta (avvenuta nel 1932 nel manicomio di Castelpulci) e dopo la malfamata edizione di Vallecchi, farcita di altre poesie sparse e correzioni che fecero infuriare il già furioso Campana. Gli eredi lo vendevano e il manoscritto era a disposizione dei compratori nelle sale di Sotheby's, in piazza Navona, a Roma.

Andai con un amico, ancora meno credibile di me, ma fingemmo ugualmente di volerlo comprare. Un uomo gentile lo estrasse da una teca di vetro e me lo consegnò in mano. Su un tavolo coperto di velluto lo sfogliai a lungo. Più precisamente: lo accarezzai. C'è una macchia marrone in alto a destra, un'addizione segnata in viola sopra una delle pagine, alcune righe cancellate con un tratto di penna. Ma non c'è la pazzia. La scrittura è serena e ordinata, doma. La grafia di Dino Campana, a disposizione in una edizione anastatica pubblicata dal centro studi di Marradi, è la testimonianza inattaccabile di quanto siano dementi le pretese di spontaneismo, naïvité, impulsività che qualcuno attribuisce alla sua poesia. Come tutta l'arte, l'arte pura, direbbe lui stesso, i suoi *Canti* sono ciò che resta dopo un lavoro enorme che traduce l'emozione in una forma passando attraverso la tecnica. Fatica, contenzione, lima, questo trapela dal manoscritto de *Il più lungo giorno*, che oggi riposa alla biblioteca Marucelliana di Firenze, dove è consultabile. Non fummo io e il mio amico, infatti, a comprarlo, ma la fondazione Cassa di Risparmio. Grazie anche all'attenzione di Giuseppe Matulli, ex sindaco di Marradi e attuale vicesindaco di Firenze, e alla disattenzione, pare, dell'Università di Bologna che confuse la data e si presentò all'asta con un giorno di ritardo.

16
la biblioteca Marucelliana

La biblioteca Marucelliana è un ventre caldo. Lo sanno tutti gli studenti e gli studiosi della città. È sacra, quanto l'altra, la Nazionale, è laica, sterminata, orizzontale.

Lunghe camminate, stanze gigantesche. Anche l'ingresso della biblioteca Nazionale – la scalinata di fronte all'Arno – è imponente. Quando ci studiavo, al piano interrato c'era un bar dove andavamo continuamente a prendere un caffè e a fumare. Un luogo oscuro, fatto di corridoi e antri incastrati l'uno nell'altro. Una specie di rovesciamento del sopra. Paradiso e inferno, ordine e disordine. La biblioteca Nazionale è un posto in movimento, abitato. Forse anche per lo stupro subito durante l'alluvione, le acque, gli angeli del fango. Ogni segreto della Nazionale, ogni fondo, deposito, collezione erano stati portati alla luce, ripescati ed esposti davanti alle telecamere di tutto il mondo.

La Marucelliana invece non mostra niente. Neanche l'entrata. Sta in via Cavour, sulla destra venendo da piazza San Marco, ma non lo sa nessuno. L'unico indizio sono le biciclette, legate alle transenne di metallo. Quando Francesco Marucelli, ricco erudito e collezionista di libri, decise di fondare una biblioteca, stabilì che avrebbe avuto bisogno di un edificio apposito, pensato per le esigenze dei libri e dei lettori. Poi morì, non prima di aver trasmesso le consegne al nipote Alessandro. Il quale commissionò il lavoro a un architetto romano, Alessandro Dori. La biblioteca fu inaugurata il 18 settembre 1752, ma Alessandro Marucelli era già morto. Non prima di avere nominato bibliotecario Angelo Maria Bandini, che guidò la Marucelliana per quasi cinquant'anni.

È una bella storia, per due motivi. Il primo è che si tratta di un sogno. Non di un capriccio, o un desiderio, ma un sogno vero, immaginato e progettato guardando lontano, oltre i confini della propria vita. L'altro motivo è l'entità dell'investimento. Francesco Marucelli era un uomo ricco, che alimentava i suoi conti con la rendita di due abbazie che, per qualche motivo, erano di sua proprietà. Ma la ricchezza non basta. Servono volontà, coraggio e temerarietà, per sognare con esattezza. Un progetto, visto da vicino, è sempre una pazzia.

Per entrare alla Marucelliana bisogna salire due piani, attraversare l'accettazione e la sala cataloghi. Lì, tra gli scaffali di ferro pieni di schede, ho provato un giorno l'umiliazione più forte della mia vita. Avrò avuto una ventina d'anni, ed ero in una delle periodiche fasi di manutenzione delle mie capsule. Gli incisivi infatti sono volati via per colpa di un incidente in motorino. Il Ciao rimase agganciato a una macchina col pedale e io volai e atterrai sull'asfalto, dalle parti del lanciacristi. Le mie capsule hanno avuto varie fasi di vita. Nella fase della umiliazione in questione, al posto dei due denti davanti, ne avevo due provvisorie, attaccate l'una all'altra ma assai poco alla radice del dente.

In piedi davanti agli scaffali della sala consultazione della biblioteca Marucelliana, quel giorno io sentii il naso pizzicare. Di colpo, senza poter far niente per evitarlo, starnutii con gran violenza. Grazie al cielo ebbi l'accortezza di mettere la mano davanti alla bocca, perché quando la riaprii, insieme ai resti moccicosi dello starnuto, ci trovai i miei due incisivi. Corsi via, travolta dalla disperazione, cercando di tenere chiusa la bocca, dentro la quale avevo rincastrato le due protesi. Pedalavo verso il mio dentista e davanti agli occhi continuava ad apparire l'immagine che avevo visto per sbaglio nello specchietto dentro la mia bocca durante una delle infinite sedute. L'immagine della mia morte. I due moncherini, limati come perni, e dietro il nero della lingua.

La seconda umiliazione più forte della mia vita risale invece a una decina di anni più tardi, nel corso di una manutenzione successiva. Quella volta stavo nuotando in piscina. Ancora mi domando come riuscii a ritrovarle, tuffandomi sott'acqua. Le mie capsule cadevano lentamente verso il fondo, come due minuscoli coriandoli, bianchi contro il bianco delle pareti. Ma questa è un'altra storia.

Per entrare nella sala di lettura della biblioteca Marucelliana, attraversata la sala consultazione bisogna spingere una pesante porta. La sala è quella scatola di legno. È un ventre appunto, foderato di scaffali che incombono sui lettori i quali non osano neanche scrivere sui propri quaderni per paura di far rumore. Non si riesce a studiare alla Marucelliana, troppo silenzio.

Il manoscritto de *Il più lungo giorno* può essere consultato in una sala più piccola. Lì stanno i libri rari e antichi, ma l'atmosfera è più sciolta. Le bibliotecarie parlano tra loro, i bibliotecari smanettano il telefonino silenziato. Lo appoggio sul leggìo, lo sfoglio. Riconosco le macchie e le cancellature. È sempre lui, e ha fatto il viaggio opposto al mio. Era a Roma, ed è tornato a Firenze. Penso una cosa stupida, che le cose non possono ribellarsi. Come i figli piccoli, o i morti. Sono costrette a obbedire alle nostre regole. E le regole sono regole, appunto, sono sempre le sentinelle della tradizione. Il manoscritto di Dino Campana doveva tornare in Toscana, il figlio morto avrà il suo funerale anche se odiava la chiesa e i funerali.

Guardo fuori dalla finestra e mi rendo conto di una cosa che non avevo mai capito abitando in questa città, guardando fuori da mille finestre uguali a questa e affacciate sui tetti. Di colpo mi sembra di capire perché gli inglesi hanno sempre amato vivere qui, si sono contesi le ville di Fiesole e Settignano, hanno scelto di morire sulle sponde dell'Arno. Perché hanno scritto libri ambientati qui e hanno comprato tutte quelle case – provate a dare un'occhiata ai nomi sui campanelli delle magnifiche strade che salgono verso piazzale Michelangelo incrociando il viale dei Colli, o intorno alla piazza del Carmine, o peggio ancora dalle parti del mercato di San Lorenzo – arredandole poi con un'esattezza filologica e un gusto del particolare che nessuno di noi è più in grado di sostenere, né economicamente né psicologicamente. Gli inglesi amano Firenze perché Firenze è una città inglese.

Non tutta. Ci sono quartieri italiani anche a Firenze, specie in periferia, o almeno fuori dalle mura. Ma gran parte della città, per colori atmosfere scorci, somiglia molto di più a un paesino vicino Londra che non a qualsiasi zona della Francia, o della Germania, o tantomeno dell'Italia del sud. So che questa affermazione sembrerà bizzarra a chi non conosce bene Firenze, a chi l'ha sempre pensata come l'archetipo della città rinascimentale con radici medievali, innestate su un tessuto romano, abbarbicato su un insediamento etrusco.

Per carità, certo che sì, questa è la storia. Ma una città è anche quello che le accade vivendo. E a Firenze deve essere accaduto che a forza di esercitare un distacco da se stessa per non implodere, per non cadere come la volpe nelle acque del fiume che riflettono la sua bella immagine, si è trasformata in una signora anglosassone, austera e misteriosa, dai colori autunnali, silenziosa.

Potrebbe esserci una sorpresa in questo, una gestazione di novità. Con un colpo di coda inaspettato, potremmo un giorno scoprire che proprio Firenze era l'avanguardia, avendo cresciuto in sé la trasformazione dall'italianità scomposta a una finale anglitudine globale. Firenze potrebbe essere la prima città non inglese a cambiar pelle, colore. Come le barre che appaiono sul computer mentre stai scaricando qualcosa. Fin quando non sono complete non succede niente, non c'è una progressione tranne quel celestino che si sostituisce lentamente al bianco. Poi fai riavvia, e tutto è cambiato.

Mia nonna, comunque, quel libro non deve averlo comprato. Né lo fece qualcun altro per lei, neanche l'insegnante elementare che presto divenne suo marito, dandole quattro figli. Non l'ho mai conosciuto mio nonno, ma non credo che abbia portato con sé il suo segreto. Un giorno dovrò arrendermi all'evidenza che nessuno, nella mia famiglia, ha mai posseduto una copia dei *Canti orfici* nell'edizione marradese del 1914. Del resto neanch'io ho comprato un'opera di Cattelan quando costava poco più di un viaggio *low cost* a Sharm el-Sheikh. Né, del resto, ho comprato il viaggio *low cost* a Sharm el-Sheikh. Dove ho speso quindi quei soldi che avrebbero potuto fruttarmi oggi un attico al centro storico? Non ne ho idea. Se i miei nipoti mi chiederanno una spiegazione per questo, io non ce l'avrò.

17
il matrimonio

Come dicevo, da bambina cercavo disperatamente, negli oggetti che appartenevano ai miei genitori, la mia assenza. Era un gioco perverso, che doveva servire ad aizzare ma anche a lenire le mie paure. Il primo passo per affrontare una nevrosi non è infatti quello di riconoscerne l'infondatezza, ma al contrario trasformarla nella paura per qualcosa di reale. Combattere contro i fantasmi è la peggiore delle battaglie. Una volta che io avessi definitivamente appurato che i miei genitori avevano una vita indipendente da me, avrei potuto iniziare a detestarli e cominciare così a diventare grande.

L'oggetto più fecondo, quello che rasentava la perfezione del mio calvario, era l'album di fotografie del matrimonio dei miei genitori. Il matrimonio dei propri genitori è una specie di versione horror di *La vita è meravigliosa* di Frank Capra. Con te stesso nella parte di James Stewart e la tua famiglia che se la gode senza che tu possa neanche farti riconoscere sul più bello, dal momento che non esisti ancora.

L'album era talmente maestoso che il cassetto piccolo dentro il quale veniva conservato lo conteneva aderendogli attorno come un astuccio. Aveva una copertina marrone con le impunture d'oro, lucida e fredda. Le foto, sorrette da quegli angoletti che per funzionare devono essere appiccicati con precisione – dote della quale nella mia famiglia siamo tutti sprovvisti –, tendevano a scivolare verso il basso, ammucchiandosi poi al centro della pagina. In bianco e nero, eleganti ma sobri, i miei genitori erano bellissimi, e raggianti. Non potevo essere sicura che fossero raggianti perché io non c'ero, ma io non c'ero e loro erano raggianti. Di questi tendenziosi sillogismi, dei quali da grande avrei imparato a servirmi come pugnali, sperimentavo allora le potenzialità. Mia madre aveva i capelli corti, acconciati col rullo. Neri, nerissimi. Altri, non io, avrebbero potuto pensare che io e mio fratello, biondissimi, fossimo stati adottati. Altri. Io avevo questioni più urgenti da risolvere.

Tutti erano raggianti. Mio padre, all'epoca del suo matrimonio, somigliava moltissimo a Gian Maria Volonté. Gli occhi, la forma del volto, la bocca. Una certa presenza che direi aristocraticamente meridionale. Poco importa che Volonté fosse nato a Milano. Con tutto quello Sciascia addosso, quella furbizia del corpo, si era guadagnato almeno il doppio passaporto. Mio padre invece è siciliano sul serio. Adesso, dopo tutti questi anni a Firenze, aspira le C e le T con discreta noncuranza. Ma dice ancora *cioccolattino* e *pasienza*, sia pure stemperati dentro una cadenza neutra. Allora, fresco di laurea e di trasferimento, avrà avuto ancora le R arrotate, le vocali spalancate. Forse rimaneva sconcertato di fronte ai blandi caffè dei bar, come fanno spesso i siciliani appena sbarcati in continente.

Malgrado tutta la letteratura sul caffè appartenga al repertorio napoletano, spesso i siciliani sono molto più *camurriusi* sulla questione. Ovunque si trovino, trasecolano (o fingono di trasecolare, che, come sa chiunque abbia avuto a che fare con un siciliano, è più o meno la stessa cosa) se viene loro servito qualcosa che non somiglia a quella nerissima sorsatina di lava dentro tazzine incandescenti alla quale sono abituati. Se accanto non trovano il bicchiere d'acqua fresca, se dopo, come normale conseguenza di tanta intransigenza, non arriva la stretta allo stomaco. Quella stretta che giorno dopo giorno, con implacabile determinazione, li rende schiavi del Maalox. In casa mia, dove quasi tutto era vietato, noi bambini bevevamo caffè nerissimo quando i nostri coetanei ancora succhiavano pappette alla pera. Inutile dire quanta riconoscenza proviamo per l'inventore del Maalox.

Nel gennaio del 1955, poco dopo la laurea in legge conseguita a Palermo e nove anni prima del matrimonio che lo avrebbe reso raggiante, mio padre si trasferì a Firenze. Seguiva il professor Miele, docente di diritto amministrativo, conosciuto a un congresso a Roma. Suo padre, il nonno Antonino detto Ninì, lo accompagnava. Prese alloggio in via Scipione Ammirato, presso una coppia di anziani senza figli.

Durante la settimana passava la maggior parte del tempo all'università. Studiava, lavorava. La sera, a cena, mangiava quello che gli faceva trovare la signora. Si svegliava presto e tornava all'università.

È così che tutti affrontiamo le migrazioni, che sopportiamo la violenza dello strappo dagli amici, dalla famiglia. Cerchiamo di occupare tutto il tempo, perché nel silenzio, nell'immobilità diventiamo vulnerabili. La nostalgia, i dolori sono acque che spingono contro una diga, e appena trovano il buchetto la attraversano. Di lì al crollo di tutta la struttura di contenimento, il passo è brevissimo.

18
la pulizia delle strade

Nei giorni di festa, dice mio padre, mi sentivo solo. Firenze è una città diffidente. Prima che qualcuno ti inviti a casa sua, possono passare anni. Per chi arriva da fuori, e prima era anche peggio, c'è una specie di purgatorio, un lungo periodo in cui ti limiti a corteggiarla. Le giri intorno, la guardi, provi a fare, goffamente, quello che fanno gli altri. Cerchi di imitare l'accento, metti via i vestiti che ti caratterizzano troppo.

Penso a quando mi sono trasferita a Roma, una città famosa, e a ragione, per la semplicità con cui si fa penetrare. Un burro per qualsiasi coltello. La lunga consuetudine con l'ospitalità internazionale la rende comprensibile e accessibile a chiunque. Unico requisito necessario per essere ammessi a Roma è amarla. Eppure ricordo che i primi tempi camminando per strada mi sentivo diversa. Come avessi la pelle di un altro colore, o indossassi un burka. Mi sembrava così evidente che credevo che tutti se ne accorgessero.

Indicavo col dito quella cosa dolce che si mangia insieme al cappuccino. Non riuscivo a dire «cornetto», ma se avessi continuato a dire «brioche» non sarei mai uscita dalla mia condizione di forestiera. Ma le parole nuove, le puoi dire soltanto quando finalmente te le senti in bocca, non prima. Prima è meglio limitarsi a tacere e indicare col dito. Poi un giorno entri in un bar e dici «cappuccino e cornetto». In quel momento passi dal centro di accoglienza temporanea a una specie di cittadinanza.

Che non è mai identica alla condizione di chi in quello stesso posto c'è nato. E soprattutto ci ha passato l'infanzia. Essere davvero di un luogo significa probabilmente averlo assunto come misura del mondo, come facciamo crescendo. Avere immaginato che quelle strade, quel modo di parlare, quel cibo fossero gli unici possibili.

Io, per esempio, fin quando ho vissuto a Firenze ho creduto che una città fosse quel luogo nel quale le automobili una volta a settimana andavano spostate lontanissimo da casa perché qualcuno doveva lavare le strade. E non bastava una sciacquata superficiale, una spazzata alla bell'e meglio. Dal momento che le strade nelle città – questa era la mia convinzione fin quando vivevo a Firenze – sono come salotti: per passare lo straccio, devi spostare il divano. Non mi sembrava che ci fosse niente di strano se a mezzanotte gli ospiti di una cena dovevano troncare a metà una conversazione, poggiare il bicchiere di vino sopra la credenza, afferrare le chiavi e, indossati i cappotti, scendere allegramente per strada. Per parcheggiare la macchina lontanissimo, lottando contro una tribù di gente afflitta dallo stesso problema. Alcuni, sotto i cappotti, nascondevano la stessa divisa dei padroni dei cani: pigiama e scarpe non allacciate. Erano quelli che si erano dimenticati che quella notte c'era la pulizia delle strade, e adesso combattevano per l'agognato rettangolo di antimateria con doppia rabbia.

La cosa stupefacente è che prima o poi tutti quanti tornavamo nei nostri letti, o recuperavamo il bicchiere e le conversazioni. Dove erano, prima della pulizia delle strade, quei posti dove avevamo appena parcheggiato le nostre macchine? Decine, centinaia di macchine che magicamente erano state sistemate in strade già sature. Sembrava che la città, per adeguarsi a quella strana consuetudine della pulizia, avesse acquisito la proprietà di deformarsi. Si contraeva sotto l'effetto degli spruzzi d'acqua, distendendosi nelle zone limitrofe, aprendosi come un tessuto gonfiato dai muscoli.

A Roma, ogni tanto incontro dei giovani aitanti e delle giovani donne ben truccate ed eleganti che spazzano e raccolgono lo sporco dentro canestri di plastica con le ruote. Qualche volta passa un camioncino rumoroso, che spruzza e spazzola un po' a caso. Nessuno deve spostare la propria macchina per questo, e non mi pare che le strade siano molto più sporche.

19
il Vivoli

Spesso, per affrontare la solitudine dei giorni di festa, racconta mio padre, me ne andavo allo stadio, o al cinema. Al cinema si fumava ancora, si mangiavano noccioline, semini. Le cassatine Avio, leggendari gelati da passeggio, e i pinguini con lo stecco di Cavini.

Mio padre, come tutte le persone intelligenti, non ha grandi nostalgie. Non pensa mai al passato con rimpianto, e sa desiderare quello che ha. Beato lui. Così, pur essendo palermitano e quindi svezzato a granite e brioche paradisiache, aveva imparato subito a godersi in santa pace l'umile gelato di Firenze. Una gelateria in particolare, il Vivoli, era diventata meta di pellegrinaggio per lui e gli amici.

Il Vivoli si trova in via Isola delle Stinche. Le Stinche sono diventate sinonimo di carcere, ma in origine era il nome di un castello, di proprietà della famiglia Cavalcanti, quella del poeta Guido. Assediati dai fiorentini, finirono prigionieri in un isolotto sull'Arno, il quale, per eco del destino, fu in seguito battezzato col loro nome. Dietro piazza Santa Croce, accanto a via Torta (Torta perché segue nel suo andamento curvilineo il bordo di qualche anfiteatro romano sopra il quale è stata costruita), doveva quindi esserci un carcere. Adesso, e da almeno quarant'anni, c'è il Vivoli.

Alla fine degli anni cinquanta, quando mio padre e i suoi amici frequentavano la gelateria, c'era una stanza sul retro. Forse c'è ancora, ma allora avevano l'abitudine di passarci i maledetti giorni di festa, stemperando la nostalgia della domenica nei gelati, insieme al proprietario. Si dice che uno dei figli del Vivoli, non so se Piero o Sergio, spinto dall'enorme successo che il loro gelato riscuoteva presso gli americani, si sia lanciato a cercare fortuna negli Stati Uniti con scarsi risultati. A Firenze il Vivoli è la gelateria per antonomasia, quella che anche gli indigeni possono ammettere di amare.

L'eterna questione delle città assediate dai turisti. Vivere a Firenze significava partecipare di un itinerario segreto. Possedere una mappa crittata che una legge non scritta imponeva di tenere nascosta agli stranieri. Era una strategia di sopravvivenza. Non era possibile, per chi ci viveva, frequentare gli stessi bar, ristoranti, negozi, avere gli stessi orari di chi affannosamente la doveva visitare. In vacanza si è disposti a spendere cifre che la vita quotidiana non può permettersi.

Capitava, per esempio, di camminare per il centro e avere sete. Non ci sono le fontane per strada a Firenze. Eri, per esempio, in Piazza del Duomo. Cercavi uno di quei varchi che potrebbero riportarti nella città dei residenti, ma non lo trovavi. In certe zone il turismo ha colonizzato tutto. Allora entravi in un bar dove si parlava solo inglese e chiedevi una bottiglia. Quando ti dicevano il prezzo, tu, con un buon accento, dicevi che eri di Firenze. Il prezzo tornava reale, mi è successo.

Adesso meno. Negli ultimi anni, a Firenze come ovunque, i desideri delle persone si sono allineati. L'autenticità non ha più a che fare col passato, non è una catena di competenze affinata di passaggio in passaggio. I vestiti, le cose da mangiare, anche l'arte. La qualità di qualsiasi cosa non dipende più da essa stessa, ma dal grado di riconoscibilità. Quante più persone sanno che cos'è, qual è la musichetta che la pubblicizza, il cantante o lo sportivo che la indossa, tanto più quella cosa ha valore, è buona, come si diceva un tempo. Così, nelle città come Firenze, il distacco tra gli abitanti, portatori di misteri orfici, e i visitatori o i nuovi residenti è diminuita. Non ci sono più segreti, bottegucce e ristorantini, e quelli che ci sono non suscitano più la cupidigia neanche di Sting. Mi sembra un bene. Fiorentini e nuovi residenti da qualche tempo frequentano gli stessi posti, mangiano le stesse cose. Se questo contribuisse a mitigare la solitudine anche di un solo povero studente fuori sede, sarebbe già un risultato.

20
il Cavallino

In alternativa al gelato, andavamo al cinema, mi racconta mio padre una sera che sediamo in piazza della Signoria, ai tavoli del ristorante Cavallino. È sabato, e accanto a noi mangiano solo stranieri. Per quanto i fiorentini abbiano fatto grandi passi avanti verso la mondializzazione, continuano a considerare alcune zone in alcune ore completamente infrequentabili.

I tavoli sono così vicini l'uno all'altro che sembra un unico matrimonio. Per fortuna è all'aperto. Chissà se c'è una norma che regola le distanze tra i tavoli al ristorante. Che almeno i gomiti non si tocchino, o che si possa raccogliere il tovagliolo se cade a terra senza tuffare i capelli nella pappa al pomodoro dei vicini. Mio padre dice che era seduto qui quando la donna che sarebbe diventata sua moglie e poi mia madre lo chiamò al telefono per annunciargli che era stato ammazzato Kennedy. 22 novembre 1963.

Il cameriere fa un gran teatrino per noi. Prende in giro gli americani dicendo loro cose tremende in italiano ma col sorriso. È buffo, devo ammetterlo. Eppure lo detesto. Quando i fiorentini si trasformano in umoristi compulsivi, sono insopportabili. Creano una parete di ghiaccio tra se stessi e tutti gli altri. Come se non bastassero la bellezza, la segretezza delle risorse. L'umorista compulsivo fiorentino, oltretutto, non è disposto ad ammettere l'esistenza di un umorismo di provenienza diversa. Se non sente quella cadenza, quell'aspirazione, quei riferimenti, semplicemente non ride. Non perché non lo trovi divertente, ma perché non lo considera abbastanza arguto. L'umorista compulsivo fiorentino, chissà perché, pensa che il suo sia l'unico umorismo assolto dall'intelligenza.

Mio padre chiede al cameriere notizie dei proprietari del ristorante, la famiglia Filippi, e lui scuote il capo. A ogni nome, più o meno, corrisponde una piccola smorfia e una scossa della testa. Presto diventa chiaro che sono quasi tutti morti. Ictus, tumori, incidenti si susseguono in un catalogo dapprima agghiacciante, poi sempre più comico. Persino mio padre ride. Sembra il racconto di una specie di maratona, in cui tutti gli avversari sono scomparsi.

A fine cena il cameriere mi porta un menù. Lo ha staccato dalla parete dove era stato appeso una volta incorniciato, risale alla fine degli anni cinquanta. Le pietanze sono divise in minestre, piatti pronti, piatti da farsi e contorni. Per un pasto completo, come mi conferma mio padre, si spendevano circa mille lire.

21
i nonni

Negli anni in cui mio padre si trasferisce a Firenze, muore la zia Elena. Che non è zia mia, ma zia di mio padre, e in pratica una mamma vicaria. È lei ad allevare mio padre, in campagna, mentre la nonna Maria, sua madre, si occupa del secondo figlio, Vincenzo. La nonna Maria, che è morta a centodue anni, era alta e bionda, molto più alta del nonno Ninì, il quale però sorrideva sempre.

Aveva occhi chiarissimi, tra il celeste e il viola, che presto si ammalarono. Quando sedevo accanto a lei in poltrona, nella sua grande casa di Palermo, dietro il teatro Politeama, mi teneva la mano. Era cieca, e i suoi occhi erano sempre bagnati, anche per la commozione. Le sue mani erano lunghe e la pelle liscia e trasparente. Era magrissima.

Un pochino mi somigliava, ma non tanto. Lei aveva un seno enorme, e portava i twin set. Quei completi fatti di due maglioni sovrapposti. Quello sotto è senza maniche, e quello sopra ha i bottoni. Glieli comprava mia madre, a Firenze, e poi li portava a Palermo per Natale, o per il compleanno. Ariete, come me. Non era mai contenta di quei twin set che riceveva in regalo perché non poteva più sceglierli. Aveva sempre qualcosa da ridire e temeva che tutti volessero fregarla.

Non credo di averla mai vista ridere. Aveva sposato il nonno Ninì perché era l'avvocato che difendeva i suoi interessi in una causa fratricida che riguardava l'eredità. Alla morte della nonna Maria, quando abbiamo svuotato la casa della quale lei era ormai l'ultima inquilina, abbiamo trovato un documento che attestava l'avvenuto duello di mio nonno contro il fratello della nonna, quello che reclamava l'eredità. Si diceva che nessuno era rimasto ferito, ma l'onore era lavato. Per conquistare mia nonna, il povero Ninì, che col cappello le arrivava più o meno all'altezza dei bellissimi occhi, dovette sguainare la spada.

Alcuni anni più tardi, dopo lo sbarco degli americani, il nonno Ninì fu nominato prefetto di Messina. Il foglio dell'incarico, ingiallito, era appeso nel suo studio. È firmato da S.B. Storey, Lt. Colonel (luogotenente colonnello) Scao (State Court Administrative Office) Messina. Più in basso, a sinistra, c'è scritto a mano «Approved, Charles Poletti, Lt. Col., Regional Civil Affairs Officer».

Charles Poletti, italoamericano, fu una delle menti dell'operazione «Husky», come venne chiamato in gergo lo sbarco in Sicilia. Era lui che dagli Stati Uniti parlava agli italiani su Radio Clandestina, incitandoli a disfarsi di Mussolini e Hitler. Dall'America, Lucky Luciano fece arrivare anche i nomi di ottocentocinquanta persone su cui contare, che avrebbero potuto preparare «psicologicamente» i siciliani allo sbarco degli alleati. Le nomine dopo la conquista furono frettolose e in parte pilotate. Si parla molto del ruolo della mafia nella ridistribuzione dei ruoli di potere dopo la sconfitta del fascismo.

Ma molti dei prefetti nominati appartenevano invece a quella parte della società che era stata esclusa dalle cariche pubbliche perché aveva rifiutato di aderire al fascismo. Tra questi mio nonno.

Il mio nome è un omaggio a zia Elena, molto amata da mio padre. Anche zia Elena, come me, non si è mai sposata. Era una donna grossa, a giudicare dalle fotografie. Materna, anche se non ebbe figli, apparentemente più materna della nonna Maria. Ma Maria era più bella, o più autoritaria, o decisa. Sul comodino teneva una mia foto e una foto di lei che si china a baciare l'anello di Giovanni Paolo II. Portava un velo in testa e Ninì era accanto a lei. Ho sempre pensato che fosse una specie di monito per tutti noi: non è che non voglia piegare la schiena, è che lo faccio soltanto davanti a chi lo merita.

Non lo so perché Elena non si è sposata, e non ha avuto figli. Forse l'ha scelto. Quando è morta aveva poco più di cinquant'anni, tumore allo stomaco. Se il mio nome nascondesse un destino... Ma, come insegnano le tragedie greche, le vie del fato sono tortuose, e il destino ti si compie davanti mentre sei occupato a pararti le spalle. Non serve a niente tutelarsi.

E in ogni caso è troppo grande il mio terrore per la gastroscopia. Dovesse toccare anche a me, farò finta di non accorgermi che avrei potuto prevenirlo.

22
la Seicento

Coi soldi ricevuti in eredità da zia Elena, mio padre si compra una Seicento verde, decappottabile. Con questa Seicento, nel 1958, va a Heidelberg, nella cui università rimane per un anno con una borsa di studio. A questo periodo risale il secondo dei feticci della mia infanzia. Un elegante libro di poesie di García Lorca coi fogli sottilissimi, quasi trasparenti.

A Heidelberg mio padre divide la casa con tre spagnoli (due uomini e una donna), una ragazza francese, un ragazzo messicano e un tipo delle Antille olandesi. Quattro anni prima, nel 1954, era ancora a Palermo. Un bel salto. Se non fosse mio padre, immaginerei un uomo di poco più di vent'anni somigliante a Gian Maria Volonté, con una macchina decappottabile (l'unica di tutta la compagnia, particolare che doveva renderlo ancora più attraente), festeggiato da donne di tutte le nazionalità con una disponibilità ben diversa da quella alla quale era stato abituato in patria. Se non fosse mio padre penserei che quel periodo della sua vita sia stato una specie di festa mobile, dove il sesso ha fatto il suo ingresso trionfalmente, come accade oggi agli adolescenti miracolati dai progetti Erasmus.

Ma è mio padre, ed è già abbastanza difficile immaginare che fosse vivo in un tempo in cui io non esistevo ancora. Un giorno mi ha raccontato che quando frequentava l'università a Palermo era amico di Elvira Sellerio, che da ragazza si chiamava Giorgianni. Una donna che io ho sempre ammirato molto, ma che da quel giorno, dal modo in cui mio padre disse «sapessi com'era bella», è salita di grado, ed è entrata nella ristretta cerchia delle mie madri eventuali.

Tutto quello che avremmo potuto essere, tutte le cose che non sono diventate, tutte le strade scartate ad ogni bivio. Per non perdermi penso a Elena, l'altra, quella donna alta e grossa, siciliana. È la mia garanzia di autenticità. Per quanto speri con tutte le mie forze di non morire di tumore allo stomaco a cinquant'anni, sapere che la mia esistenza deriva dalla sua mi tranquillizza.

In quella casa a Heidelberg, a un certo punto si decise di parlare spagnolo. Erano in maggioranza, e la francese e l'italiano se la sarebbero cavata. Quanto all'antillano olandese chissà qual era la sua lingua madre e quale tortuoso cammino lo aveva condotto fin lì. Anche lui se la sarebbe cavata. Tutto funzionava perfettamente, e un giorno, nell'ospedale dell'Università di Heidelberg, arrivò Luis Miguel Dominguín, il celeberrimo torero.

Il padre era malato di cancro e sarebbe stato curato lì, in Germania. Jesus, medico spagnolo e membro della confraternita della Seicento verde decappottabile avrebbe fatto da interprete. Con lui arrivarono a Heidelberg la moglie, Lucia Bosè, e il figlio, Miguel. Solo dieci anni prima, quella donna di bellezza inestimabile era stata eletta Miss Italia. Poi era passata al cinema, dove aveva debuttato nel film di Michelangelo

Antonioni *Cronaca di un amore*. Accanto a Massimo Girotti, amante crudele torbido e sensualissimo, che interpretava in quel film una versione ripulita, e aggiornata da una nausea borghese e nevrotica, del personaggio di *Ossessione* di Visconti.

Nel 1943 e sul Po, nel film ispirato al romanzo *Il postino suona sempre due volte*, di James Cain, Girotti lancia le canottiere sbrindellate che scoprono i bicipiti turgidi, zozzi e sudati. Feticcio erotico del quale si sarebbe poi preso tutto il merito qualche anno più tardi Marlon Brando, col suo, peraltro sublime, Kowalsky. Forse perché era un attore più bravo, forse semplicemente perché anche a quei livelli di sensualità c'è una classifica, e Marlon Brando vinceva. Avrebbe vinto anche contro Marilyn Monroe, figuriamoci contro quel giovane e bellissimo attore, nato in provincia di Macerata e finito tra le braccia di un regista geniale, omosessuale, raffinatissimo, che lo muoveva come una bambola. Mentre l'altro, l'americano, ci era nato con la consapevolezza di se stesso. Quella consapevolezza che ha fatto di lui uno dei più grandi attori del cinema. Truman Capote, nel lungo ritratto intitolato *Il duca nel suo dominio*, racconta di quando andò a vederlo a teatro, in *Un tram che si chiama desiderio*. Era arrivato troppo presto, la platea era vuota e sopra un tavolo sul palcoscenico vide un muscoloso giovanotto addormentato come un masso. «Poiché indossava una maglietta bianca e calzonacci di tela, e dato quel suo fisico tarchiato da palestra – braccia da sollevatore di pesi, un torace da titano (anche se vi posava sopra, aperto, un volume delle *Opere scelte* di Sigmund Freud) lo scambiai per un macchinista.» Forse a Massimo Girotti, almeno nei primi passi della sua carriera, mancava quel libro spaginato sul ventre, l'indizio della sua estraneità a quel corpo.

Anche Lucia Bosè, scovata mentre serviva dolcetti in una

pasticceria, presta subito la sua bellezza all'intelligenza, rendendola accettabile e innocua. Nelle mani di Michelangelo Antonioni, dopo la Paola Molon in Fontana di *Cronaca di un amore*, interpreta una commessa che vuole diventare attrice e si scontra con il cinismo del mondo del cinema in *La signora senza camelie*, film tra i meno fortunati del regista. Dopo *Gli egoisti* di Juan Antonio Bardem (zio dell'attore Javier, le cui canottiere se la battono con quelle di Marlon Brando) si dedica a vari film più leggeri. Tra questi *Le ragazze di Piazza di Spagna*, di Luciano Emmer, e *È l'amor che mi rovina*, con la regia di Mario Soldati, dove incontra Walter Chiari, del quale si innamora. Nel 1955, poco prima di conoscere mio padre, Lucia Bosè sposa invece Luis Miguel Dominguín, il celeberrimo torero.

23
Luis Miguel Dominguín

Amico di Picasso, fascinoso e malinconico, il bel torero figlio di torero e leggenda in Spagna, esce un po' ammaccato dal ritratto che ne fa Ernest Hemingway in *Un'estate pericolosa*. Lo scrittore americano era stato inviato dalla rivista «Life» a seguire la sfida tra Dominguín e Antonio Ordóñez, anche lui figlio d'arte. Si trattava di un «mano a mano» da svolgersi attraverso tutta la Spagna, di arena in arena, durante l'estate del 1959. I due *matadores* avrebbero messo in scena, per tutta la stagione, le loro qualità, la loro tecnica e il coraggio, perché fosse eletto il migliore tra loro, e quindi tra tutti. Orecchie, code e plausi del pubblico sarebbero stati il metro di giudizio.

Vinse Ordóñez, più giovane, spregiudicato e, a giudicare

da quello che dice lo scrittore americano, da sempre più onesto, avendo fondato la sua carriera toreando con animali veri, non caricature di tori dalle corna limate e appesantiti con cibi ammoscianti. *Un'estate pericolosa*, che Goffredo Parise definisce supremamente inutile, pieno di difetti, ma di una grandezza omerica, è commovente nella sua ineccepibile parzialità. Vestiti, movenze, etica e sguardo, tutto in Ordóñez appare a Hemingway superiore rispetto all'avversario. Persino le sue ferite sono migliori. Un amore perfetto tra l'eroe e il suo cantore, annaffiato di sangria a caraffe e nostalgia. Due anni dopo, Hemingway si uccide.

Dominguín amava le donne, e le corteggiava come un dio. Quando volle Ava Gardner, che puntualmente ebbe, un pomeriggio le lanciò in grembo l'orecchio insanguinato del toro matato, che il giudice gli aveva assegnato in premio per una corrida perfetta. Il sangue scorse copioso sullo stupendo vestito della diva, lasciandola un poco interdetta, anche se lusingata. Il giorno dopo, al suo albergo, la donna si vide recapitare un vestito identico a quello macchiato, e un biglietto con la firma: Luis Miguel Dominguín, torero.

Questo aneddoto e altri si raccontavano a Heidelberg, mentre aspettavano la guarigione del padre. Lucia, che come tutti sanno non solo aveva nel frattempo sposato il torero ma aveva piazzato l'Ava Gardner tra le braccia del suo ex, Walter Chiari, era contenta di avere un amico col quale parlare italiano e che la scorazzasse in giro con una Seicento verde decappottabile. Con loro c'era sempre il piccolo Miguel.

Lo dico così, tanto poi Dominguín e Lucia sono partiti e mio padre è tornato in Italia e ha sposato mia madre, in quel matrimonio dalle cui foto risulta che tutti fossero raggianti. Anche di Lucia Bosè mio padre mi dice «sapessi com'era bella», con quello stesso sguardo. Credo proprio che, anche in questo caso, quello sguardo significhi solo ammirazione e rispetto. Ma se Lucia fosse stata mia madre, io, alla fine degli anni settanta, avrei compiuto un capolavoro di perversione, desiderando con tutta me stessa concedere la mia verginità all'uomo che cantava *Super Superman*, evidentemente omosessuale, eventualmente mio fratello. Meglio così.

24
la capitale

Da Heidelberg mio padre riportò un volume di poesie di García Lorca, dono di una ragazza spagnola, tale Ana Maria. Non lo tiravamo fuori quasi mai quel libro, ma sapevamo che c'era, era una presenza. La misteriosa testimonianza della preistoria della nostra famiglia, quando ancora i dinosauri scorazzavano nelle praterie della Germania. Un giorno però quel libro sparì.

Era stato affidato a me, in quanto sorella più grande, ma fu mio fratello a perderlo, nel tragitto da scuola a casa. Per la precisione davanti a scuola, avendolo, il disgraziato, appoggiato e poi dimenticato sul tetto di una macchina parcheggiata.

La nostra scuola elementare, la Cairoli-Alamanni, era ed è in via della Colonna, a due passi da piazza d'Azeglio. Una piazza che sembra uno scorcio di Knightsbridge, a Londra, una veduta da circolo di Bloomsbury. Con le aiuole ai lati, la fontana al centro e i vialetti frequentati appunto dai pedofili con l'impermeabile. L'intero quartiere, detto della Mattonaia, ha un'aria del nord. È stato ricavato, secondo il piano dell'architetto Giuseppe Poggi, dall'abbattimento delle vecchie mura della città. Fino al 1848, all'una di notte le porte della città venivano chiuse.

Il 1° giugno 1865 Firenze diventa infatti capitale d'Italia. Lo rimarrà per circa cinque anni, durante i quali, per far posto a circa trentamila persone, verrà spalancata e appiattita, stesa. In pochi mesi Firenze passa dall'essere una città segreta, medievale, raccolta in se stessa e refrattaria ai confronti coi vicini, al suo status odierno: una città perennemente sotto osservazione e sotto assedio. Per stimolare questo nuovo voyerismo, fu lo stesso Poggi a creare il buco della serratura migliore. Esattamente per questa ragione ideò e fece costruire il piazzale Michelangelo.

La gente pensa che in mezzo al piazzale ci sia una copia del David di Michelangelo. I turisti, ma anche i fiorentini pur avendolo visto mille volte, involontariamente correggono il ricordo per renderlo accettabile. E sarebbe già abbastanza ridicolo così. Costruire da zero un luogo programmato per diventare celeberrimo e decorarlo con la copia di una statua famosa. E per giunta verde. Perché il David, che effettivamente sta in mezzo a piazzale Michelangelo, è verde.

Ma questo non è tutto. I fiorentini, e i turisti, non si ricordano che il David non è solo, ma si erge come un pistillo verde su un piedistallo gigantesco, in mezzo alla corona scultorea composta da quattro copie delle quattro figure allegoriche che decorano le tombe medicee della Sacrestia Nuova di San Lorenzo, sempre di Michelangelo. Un po' più piccole degli originali, chissà perché. Un accrocco postmoderno di straordinaria bruttezza.

Grazie al cielo il piazzale è ancora soprattutto un parcheggio, e la congestione di macchine e pullman rende quell'orrore quasi invisibile. Alle sue spalle, la loggia che avrebbe dovuto ospitare un'esposizione di opere del genio del Rinascimento, è sempre stata soltanto il ristorante Michelangelo. Nessun turista e nessun fiorentino si sono mai fatti venire il dubbio che ci fosse un'opzione migliore.

Quando mio fratello poggiò il libro sul tetto della macchina parcheggiata in via della Colonna e poi se lo dimenticò, io avevo più o meno dieci anni. Quella perdita causò una delle più gravi crisi che io ricordi, nella mia famiglia. Fu ritrovato, mia madre lo ritrovò quando, con la fiducia nelle istituzioni che la caratterizza, decise di cercarlo, come fossimo in un romanzo di P.G. Wodehouse e non nella reggia degli Atridi, all'ufficio oggetti smarriti. Mentre sfogliava l'elenco del telefono fermandosi alla lettera U, io e mio fratello ci sentivamo rassicurati quanto un malato di cancro al quale venga consigliato di rivolgersi a san Gennaro. Certi com'eravamo che l'ultimo ufficio del genere dovesse essere stato smantellato per decreto regio nel 1922, e che se anche ne fosse rimasta traccia come sottoinsieme di qualche ufficio comunale, di certo non lo si sarebbe mai trovato sull'elenco. Invece c'era e, sullo scaffale corrispondente alla lettera G, c'era anche il García Lorca con la dedica di Ana Maria che aveva distrutto la pace familiare. Ma, a dimostrazione del fatto che nella mia vita l'esperienza non ha mai contato quasi niente, ogni volta successiva che mi è capitato di perdere qualcosa, e mi è capitato con una frequenza disarmante vista la mia distrazione, mai e poi mai sono stata sfiorata dall'idea di chiamare l'ufficio oggetti smarriti. Convinta oltretutto, come ogni figlia, che, malgrado ogni possibile dimostrazione contraria, mia madre doveva avere torto e certamente quel ritrovamento doveva avere una spiegazione diversa che col tempo avevo dimenticato.

Non voglio dire che non ci sia stato altro – i pacchetti di Muratti per esempio, o un borsello di cuoio con la lampo che mio padre portava con una disinvoltura circense sotto il braccio, il costume in maschera da giovane bavarese che arrivava dalla Sicilia –, ma quei due libri con una copertina simile, l'album di foto del matrimonio e quello di poesie di García Lorca, sono stati i due rocchetti intorno ai quali arrotolavo e srotolavo il video della mia infanzia.

25
16 marzo 1978

Nello squallore sovietico del settore merendine degli anni settanta, un giorno in via Calzaiuoli arrivò come un americano il distributore di gelato col ricciolo: vaniglia, cioccolato o variegato (al cioccolato e alla fragola). Io e le mie amiche andavamo da sole, in autobus, a comprarci il gelato. Partivamo da casa avendo quell'unico obiettivo per il pomeriggio, se si esclude la colletta degli adesivi di negozio in negozio.

Quel giorno indossavo un paio di jeans che i miei genitori mi avevano portato dagli Stati Uniti. Avevano una fascia intorno alla vita di elastico a righe colorate, bellissima. Di colpo, come accadeva spesso in quegli anni, si sentì scendere per via Calzaiuoli il noto calpestio dei giovani in fuga. Il battito di elefante braccato che scuoteva la nostra adolescenza. Quando la manifestazione passò davanti alla gelateria, il fumo delle molotov aveva saturato l'aria. C'erano cariche della polizia e sangue. Tra le urla, fu abbassata la saracinesca e noi rimanemmo lì, insieme a sconosciuti per un tempo che ricordo eterno. Quando uscimmo era buio. Noi avremmo voluto ripristinare subito una normalità, quel tanto che bastasse a poter ordinare un gelato col ricciolo. Ma era tardi, la gente era seria, chi per solidarietà chi per disprezzo. Non erano ancora tempi di indifferenza, e la posta in gioco, stavolta, era alta. Era il 9 maggio 1978.

I miei ricordi legati al rapimento e all'omicidio di Aldo Moro sono due: la manifestazione del gelato e il giorno in cui la maestra fu chiamata dal preside. Poco dopo rientrò in classe per dirci, con una contrizione che mi mise i brividi, che i nostri genitori sarebbero venuti a prenderci. Quello stesso giorno, al televisore di un circolo sportivo delle Cascine, vidi le immagini in bianco e nero dei corpi in via Fani. Ero in piedi accanto a uomini in pantaloncini corti e donne con gonnellini bianchi che lasciavano scoperte le mutande, con racchette di legno le cui accordature erano protette da una strutturina a forma di trapezio che andava avvitata stretta.

Il tennis si giocava con le racchette piccole e le palle bianche, e le donne portavano quei calzettoni che sparivano tutti nelle scarpe tranne un pon pon colorato. La più bella di quelle donne era mia zia Rita, che anche adesso, a settant'anni, è magra e flessuosa come un pioppo. Lei, e altre bellissime signore, mantenevano caldo il clima erotico del circolo sportivo. Ancora non sapevo che qualsiasi universo concentrazionale popolato di adulti sviluppa un clima erotico. Specie se gran parte di loro, e relativi figli e figlie, se ne vanno in giro con pochi centimetri di cotone addosso, gemendo dopo ogni colpo ben assestato. Anche il 16 marzo 1978, nonostante o grazie a quel clima terrificante da guerra civile, i lussuriosi soci del circolo gettavano lo sguardo sulle mie gambe ragazzine, su quelle mutande davvero troppo in vista.

Per me, tutto questo aveva una sola spiegazione: le puttane.

26
«growing up in public»

Questo circolo, infatti, era una sorta di enclave borghese dentro quel grandissimo puttanaio che è il Parco delle Cascine. Sulla riva destra dell'Arno, le Cascine coi loro centodiciotto ettari sono il più grande parco pubblico di Firenze. Nascono come tenuta agricola di proprietà di Alessandro e Cosimo I de' Medici, destinata a riserva di caccia e all'allevamento dei bovini. Il nome «cascina» indicava, infatti, un cerchio di faggio usato per premere il latte rappreso con cui veniva prodotto il formaggio. Con il passaggio del Granducato alla famiglia Lorena, assunsero sempre più una funzione di parco che veniva anche aperto al pubblico in occasione di particolari ricorrenze.

Nel 1786, su progetto di Giuseppe Manetti, fu creato un percorso simbolico lungo il quale furono dislocati una serie di arredi e architetture, tra i quali la Palazzina reale, l'abbeveratoio del Quercione, detto Fontana delle boccacce, la piramide con funzione di ghiacciaia (oggi deposito degli attrezzi dei giardinieri) e le due pavoniere a forma di tempietti neoclassici che costituivano due gabbie per uccelli.

Nel 1869 il parco fu acquistato dal Comune di Firenze.

Il 14 giugno 1980, sul prato del Quercione, suonò Lou Reed, un concerto che faceva parte del «Growing up in public tour», interamente ripreso dalla televisione italiana. Gran parte del pubblico si sfondò di eroina. Per mesi dalle siepi di alloro ai lati del viale continuarono a sbocciare siringhe. Un anno prima, nel settembre 1979, alla fine di un concerto al quale assistettero settantamila persone assiepate nello stadio, Patti Smith aveva dato addio alla musica, gridando *Bye Bye Hey Hey: maybe we'll come back some day*. A Firenze.

Lou Reed e Patti Smith sono come Ettore e Andromaca davanti alle porte Scee, si abbracciano per un'ultima volta e spalancano l'entrata nei favolosi anni ottanta fiorentini. Si scende verso sud, abbandonando la Bologna dello scontro, si scivola nella città del piacere e dell'arte.

Sudore e sangue, musica teatro e arti varie. In quei dieci anni a Firenze ci sono i Magazzini Criminali. Divenuti Magazzini e basta in seguito a un equivoco che provocò reazioni scandalizzate nel facilmente scandalizzabile mondo della cultura italiana. Si disse che Federico Tiezzi e company avessero squartato un cavallo vivo in scena. Quello che accadde fu invece che Sandro Lombardi e Marion D'Amburgo, durante il festival di Santarcangelo, invitarono pochi e sceltissimi spettatori a vedere il loro *Genet a Tangeri* dentro un mattatoio, dove il macellaio svolgeva il suo lavoro di routine, che consisteva, effettivamente, nello scannamento di un cavallo. Chi non c'era gridò allo scandalo, tanto da indurre la compagnia all'abbattimento dell'aggettivo per evitare strascichi polemici.

«Non siamo cavalli, non abbiamo la loro bellezza limpida, razionale, spoglia: al contrario, siamo primati subequini altrimenti noti come uomini. Lei dice che non c'è altro da fare che abbracciare quello status, quella natura. Benissimo, facciamolo. Ma [...] riconosciamo che, nella storia, abbracciare lo status dell'uomo ha comportato il massacro e la schiavitù di una razza di esseri divini o divinamente creati e ha fatto scendere su di noi una maledizione» [J.M. Coetzee].

Chi c'era probabilmente vide qualcosa che nessuno desidera sapere. Era il 1985, i Krypton di Giancarlo Cauteruccio e Pina Izzi (che ho sempre pensato avessero ispirato a Battiato il verso «e non è colpa mia se esistono spettacoli con fumi e raggi laser, se le pedane sono piene di scemi che si muovono...»: lo dico con profondo rispetto, è stato il sogno di tutti finire dentro una canzone di Battiato tra prostitute libiche e gesuiti euclidei), Santagata e Morganti, l'Arca Azzurra di Ugo Chiti, Pupi e Fresedde, Parco Butterfly di Virgilio Sieni. Tadeusz Kantor, dopo aver rappresentato *La Classe morta* al teatro Rondò di Bacco, visse un anno a Firenze dove creò *Wielopole-Wielopole*. Il 21 aprile 1979 Eduardo inaugurò la sua scuola di drammaturgia presso il teatro della Pergola. A metà degli anni ottanta Luciano Berio fonda Tempo reale, e Andrej Tarkovskij, dopo aver ricevuto la cittadinanza onoraria, prese casa in via San Niccolò.

Poi ci sono le radio, Controradio Rdf Lady Radio, i dj e la musica. I Litfiba, i Diaframma, i Neon, i Moda di Andrea Chimenti. E ancora i Rinf, i Soul Hunter, i Sybil Vane, Les Enfants Terribles, gli Esprit Nouveau, i Giovanotti Mondani Meccanici... che fine avranno fatto? La Firenze dei locali, dal Tenax al Manila dal Salt Peanuts (diventato poi Plagine) a La Dolce Vita, e dei gay, spinta propulsiva di quella vitalità davvero inusuale sulle sponde dell'Arno. La Firenze amata da Pier Vittorio Tondelli che la elegge a vera capitale italiana dei «lucidi artistoidi eclettici» anni ottanta. Perché oppone alla «tetraggine milanese del mito della professionalità e dello yuppismo quello di segno opposto – e di altissimo lignaggio – del dilettantismo. In altre parole, la fauna fiorentina di questi anni è venuta costituendosi come una vera e propria fauna d'arte, con i suoi bar, i caffè, i meeting stagionali, le riviste e le fanzine; una fauna che un giorno trovi completamente immersa nella preparazione di uno spettacolo d'avanguardia, il giorno dopo a organizzare una sfilata di moda e, ancora più avanti, a risistemare le vetrine dei negozi del centro con opere di scultori e artisti giovanissimi. L'eclettismo di questa generazione fiorentina intorno ai trent'anni è il dato che più mi ha appassionato, almeno fino alla metà di questo decennio».

27
il metodo Costa

Dov'ero io in quel periodo favoloso?

Un giorno di qualche anno prima, ero seduta al ristorante quando entrò Renato Zero seguito da uno sciame di farfalle colorate. Era truccato, aveva quei suoi bellissimi capelli neri e una tuta luccicante. La prima cosa che pensai fu adesso mi uccide. Non era minaccioso, né in alcun modo aveva dato cenno di volersi dirigere verso di me, ma era così strano. Così diverso dai miei genitori, i miei zii, mio fratello e le mie cugine che ho pensato fosse un nemico. Tipo cowboy e indiani. Nello stesso tempo, quella sua stranezza esercitava su di me un enorme fascino. Tornata a casa, elessi Renato Zero a mio cantante preferito e cominciai a venerare qualsiasi manifestazione di diversità.

Sempre con la paura di essere uccisa, ovviamente, e quindi un po' da lontano. In generale sono una che si tiene defilata dalle cose che ama. Amerei una vita piena di meraviglie e invece mi batto perché non accada niente, mi piace tantissimo viaggiare e non faccio un vero viaggio da anni. Perfino con la scrittura è così: quando sento che sta per arrivare una frase bella, smetto di scrivere. Tiro il freno. Le cose me le devo strappare dalle mani dopo essermi distratta, come si fa coi bambini. Accendo la musica, telefono, mi alzo, guardo fuori. Al culmine della distrazione mi siedo e scrivo. Altrimenti non reggo la tensione. Incontrare il mio desiderio è uno stress che non sono mai riuscita a sostenere.

Per esempio, da ragazzina avrei voluto essere come Neri Torrigiani. Prima di tutto perché era bellissimo. Aveva una gran testa di riccioli color oro e occhi azzurri, la pelle candida e si muoveva come uno che non ha paura di niente. Soprattutto per questo, in effetti, volevo essere come lui. Neri, secondo me, non aveva paura di niente. Come Renato Zero. Infatti si vestiva da donna, o si truccava. Ma anche da uomo se voleva, coi pantaloni o con le minigonne era sempre bellissimo. Anche io mi vestivo un po' strana, ma poco. E soprattutto io ero arrabbiata. Mi sentivo sempre defraudata di qualcosa, Neri invece sembrava divertirsi moltissimo.

Per questo motivo, mentre Neri diventava l'animatore delle mitiche notti fiorentine degli anni ottanta, io frequentavo corsi di teatro triste, sperimentale. Niente costumi, canzoni o trucchi sulla faccia. Nel mio corso di teatro imparavamo a pronunciare la parola «albero» come se fossimo alberi. «Chiarite l'aria, pulite il cielo, lavate il vento», che è l'inizio di uno dei cori di *Assassinio nella cattedrale* di Eliot, impegnò la mia classe per la durata di circa un anno. Diventammo infatti il verbo chiarire, l'aria, il chiarore, colui che chiarisce, l'aria chiarita e quella da chiarire... Questo metodo si chiama «mimico» e l'ha inventato Orazio Costa, un regista e pedagogo fiorentino molto importante, che per molti anni ha diretto anche l'Accademia Silvio D'Amico di Roma (che io, non paga di metodo mimico, ho frequentato poi per tre anni) e adesso è morto.

Le nostre lezioni non erano tenute dal maestro in persona,

ma da un suo allievo che si chiamava Gianluca e mi piaceva moltissimo. Non era molto alto, ma aveva dei bellissimi occhi scuri e una dizione italiana impeccabile. Ricordo ancora le sue T e le sue C, perfette. Volevo soltanto che mi dicesse quanto ero brava, e che attrice straordinaria sarei diventata, ma il metodo mimico non lo prevedeva. Non ci può essere una graduatoria di interpretazione tra alberi, e aver bisogno di essere giudicati, assolti o condannati è un modo puerile di affrontare la ricerca artistica. La verità, secondo gli insegnamenti di Orazio Costa, è molto più importante della bellezza.

Il centro di avviamento all'espressione diretto dal maestro Costa aveva sede in via della Pergola, nel portoncino accanto a quello dell'omonimo e celebre teatro. Poche stanze eleganti al centro storico, dalle cui finestre si vedeva la cupola del Duomo tanto vicina che avevi la sensazione di poterla toccare. Ma in via della Pergola si svolgevano solo i corsi di specializzazione. Per accedere ai quali bisognava aver frequentato un primo corso per un numero imprecisato di anni. Quando il maestro riteneva che tu fossi pronto, ti promuoveva. Poteva accadere in pochi mesi, o, come stava accadendo a me, anche mai. Nel senso che, quando tornavo a iscrivermi dopo l'estate, venivo inesorabilmente assegnata a un primo corso. Forse accanto al mio nome il maestro scriveva ogni anno di suo pugno «in sonno», come in una loggia massonica del teatro, o forse era la stessa segretaria, il cui occhio, allenato da anni di frequentazione di alberi perfetti, mi consegnava al corso che meritavo senza esitazione. Qualunque cosa fosse, era un inganno. Come al solito, come ovunque si dica che i risultati contano meno del percorso. Il metodo mimico non era meglio della vita, e, diciamolo, ci sono alberi evidentemente migliori di altri.

Il nostro corso, quello condotto appunto da Gianluca il cui fascino mi consolava un po' delle mie sconfitte, si teneva in una casupola prefabbricata, in un quartiere lontano dal Duomo e da qualsiasi altra attrattiva turistica. Di giorno quella casupola ospitava una biblioteca, di notte le nostre frondose esibizioni. Ci andavo in bicicletta, e, notte dopo notte, anno dopo anno, mi affezionai a quel quartiere, superando il pregiudizio della sua cattiva fama. Mi piaceva avventurarmi dentro quel parco, con le sue strade dritte e le case come fossero di fate. Non sapevo niente, neanche che continuasse ancora per chilometri, svelando più avanti un'anima assai più diroccata, in certi punti addirittura squallida. Non sapevo che avesse una storia, l'unica cosa che sapevo era il nome: Isolotto. E mi piaceva molto.

28
Neri Torrigiani

Non mi divertivo all'Isolotto. Non so se imparavo, o diventavo migliore, ma di certo non potrei chiamare divertimento la mia abitudine di frequentare luoghi al limite dello squallore, nei quali praticare attività mortificanti. Più o meno gli stessi giorni, le stesse notti, un branco di miei coetanei trasformava invece la sonnacchiosa città nel posto dove essere, richiamando sulle rive dell'Arno la tribù dello spasso sparsa per l'Italia. Tra questi, Neri Torrigiani.

Come avete fatto, gli chiedo adesso?
Ride. Il suo viso è ancora bellissimo, ma adesso indossa cardigan e pantaloni di velluto, giacche di sartoria, scarpe inglesi. Tutto nasce dal film *Che fine ha fatto Baby Jane?*, racconta. Io e Marco Querci eravamo pazzi di Joan Crawford e Bette

Davis e, quando disegnammo la nostra prima collezione di abiti, la chiamammo proprio così, «Che fine ha fatto Baby Jane?», ispirandoci a quel modo di essere e vestire. In via de' Conti c'era un negozio dell'usato, Clochard, tenuto da un ragazzo che si chiamava Edoardo. Fu lui a ospitarci. Trovammo una sartoria che faceva abiti per Carnevale che si chiamava Stukas. Le Stukas erano due sorelle che lavoravano in via Palazzuolo, di fronte allo Space Electronics, e noi ci facevamo fare i vestiti lì.

Eravamo ragazzini, e non avevamo padri putativi. Ma allora le voci si muovevano da sole. Non so bene come sia accaduto, fatto sta che qualcuno notò questi vestiti esposti nella vetrina di Clochard. In quegli anni nasceva Pitti Trend, che era la costola giovane del Pitti e noi venimmo invitati. Avevamo il nostro stand, e da lì finimmo a Milano Collezioni, poi abbiamo sfilato a Vienna, siamo stati alla prima edizione della biennale dei giovani artisti del Mediterraneo, a Barcellona. Abbiamo sfilato sulle Ramblas, con questa roba importabile che noi sfoggiavamo con disinvoltura, testimoni sorridenti della nostra sfacciataggine. Magari non per andare a scuola, ma nel *nightclubbing* di tutti i giorni portavamo senza sforzo minigonne e abiti addobbati di pizzo. Ci siamo divertiti, ma quando ci hanno chiesto di trasformare il gioco in un lavoro, ci siamo tirati indietro. Non potevamo affrontare collezioni, ordini, scadenze. Lavoravamo con gli scampoli, se ci chiedevano cinquecento minigonne, noi gliele potevamo fare tutte diverse, eventualmente.

«Che fine ha fatto Baby Jane?» presto partorì una nuova avventura alla quale avremmo dato il nome di «Boper». «Boper», nel nostro lessico di allegri ragazzi degli anni ottanta, stava per Popper, la celeberrima boccettina di vasodilatatore che non mancava mai nelle nostre tasche. Sniffavamo Popper come pazzi, in quegli anni, non so proprio come abbiano potuto reggere i nostri cuori. Il Popper, che aumenta la pressione e accelera il battito cardiaco, dà un senso di euforia, fa sentire energici e vitali. Ma l'effetto dura pochi minuti e quindi la chiamata del «Boper» avveniva di frequente nelle nostre conversazioni. Fu naturale battezzare con quel nome le nostre serate a tema al Manila.

Il Manila, la discoteca di Campi Bisenzio, aveva problemi di rivalità col Tenax. Si chiamava Manila in the jungle ed era agghindata con improbabili palme di plastica e piscine gonfiabili all'esterno. Era il 1984, prima che il trash venisse teorizzato e reso socialmente accettabile. In quegli anni trash era sinonimo di rozzezza. Ci chiesero di occuparci del locale, di trasformarlo in qualcosa «di tendenza», deportando a Campi Bisenzio la meglio gioventù.

Eravamo presuntuosi e puntavamo altissimo, così le nostre serate «Boper» al Manila divennero un esercizio di stile raffinatissimo. Se sceglievamo come tema l'antica Roma, dovevamo arrivarci da Pasolini e Fellini. E così nasceva la serata Satyricon con tutte le interiora degli animali, prese ai macelli, sparse per il locale. Le teste di mucca vere col sangue che sgocciolava. Facemmo una serata chiamata «È 'a guera», pronunciato alla romana, dove sostituimmo gli scontrini per i drink con delle specie di tessere annonarie, spargemmo in giro sacchi di farina, mentre da mangiare c'era solo un triste castagnaccio, gazzosa per mandarlo giù. Un'altra che intitolammo «Il ballo delle debuttanti», per la quale ci presentammo tutti in abito da sera. Io ne avevo uno bellissimo, preso alla Croce Rossa, di voile giallo canarino col fiocco. Durante la serata «Sanremo», ci si poteva esibire sul palcoscenico. Io feci

Lorella Cuccarini alle prime armi. Avevo una minigonna svolazzante nera a pois bianchi con un top rosa. Spettacolare.

Il «Boper» aveva anche una sua fanzine, «L'eco del Boper», per mezzo della quale veniva diffuso il «Boper» pensiero. Classifiche, oroscopi, posta del cuore. Come Celentano vent'anni più tardi, anche noi dividevamo il mondo in ciò che è rock e ciò che non lo è. Eravamo feroci, ma anche ironici. Il nostro avversario era «Westuff», la rivista super patinata fatta da Francesco Bonami. Ma loro erano molto più seri: avevano una decina d'anni più di noi, e questo faceva la differenza. Noi non avevamo niente da perdere.

Chiedo a Neri di Tondelli. Glielo chiedono tutti da quando, nel 1989, è uscito *Camere separate*, cronaca struggente di un amore tragico. Corroso dal lutto per la morte del compagno, nelle ultime pagine del libro lo scrittore si aggira nella Firenze delle feste e dei teatri, aggrappato alla compassione di Rodolfo, l'amico di sempre. Il quale, per strapparlo all'apatia, organizza per lui una cena con due ragazzi, belli intelligenti e allettanti. Uno di loro, biondo con la bocca carnosa e gli occhi chiari, somiglia moltissimo a Neri.

Eravamo stronzi, te l'ho detto. Presuntuosi giovani belli e arroganti. Tondelli era alto, magro, non proprio un Adone. Un po' cupo, silenzioso. Andava in giro sempre con Paolo Landi, e a noi sembravano un po' una coppia di sfigati. Certo, era divertente essere corteggiato da uno scrittore vero, pubblicato e affermato, e che oltretutto cominciava già a rappresentare qualcosa che andava al di là della scrittura. Ma nella nostra giovanile e assoluta incapacità di *pietas*, lo prendevamo un po' in giro, lo trattavamo come un adulto impacciato che osservava con nostalgia e desiderio lo spettacolo della bellezza.

29
i Prigioni

«Essere artista significa avere coraggio, come i primi apostoli di Cristo, insinuarsi tra i pagani, e mentre la folla urlante danza intorno al fuoco, mozzare le teste ai loro idoli.» [A. Holz]

La Firenze degli anni ottanta è spinta dall'entusiasmo e forse dal pressappochismo. È la voglia di esserci e il coraggio di fare. Per qualche anno sembra che la città dimentichi il suo più grande handicap, la zoppìa che sempre le impedisce di correre, di tornare a essere creativa e capace di sognare. Non subisce, come al solito, la tirannìa del suo eterno senso di colpa.

Non ha importanza quanto i risultati, al vaglio del tempo, risultino efficaci. Quanto resti, insomma, di tutto quel fervore. Libri, musica, arte, ma anche la politica urbanistica, economica di una città non nascono dal silenzio. Quel rimestìo è fecondo, l'energia di persone che si incontrano, parlano, scambiano. Firenze ha quasi sempre sofferto del bisogno di eccellenza, che il suo passato le impone. Accettare l'imperfezione, o peggio ancora promuoverla sotto la sua bandiera, le è impossibile.

Era più o meno il 1532 quando Michelangelo scolpì i Prigioni. Sarebbero dovuti andare a Roma, incastonati nella tomba del papa Giulio II (Giuliano della Rovere), dentro San Pietro in Vincoli. Un monumento maledetto, la cui composizione accompagnò l'artista per tutta la vita. Tra ripicche e rimandi, ritardi, ripensamenti. Ogni volta che litigava col papa se ne tornava a Firenze, e nei ritagli di tempo dipinse la Cappella Sistina. Mise al centro la statua di Mosè («alla qual statua non sarà mai cosa moderna alcuna che possa arrivare di bellezza, e de le antiche ancora si può dire il medesimo» dice il Vasari), e ai lati avrebbero dovuto esserci queste figure, che chiamava «Prigioni». Uomini, corpi che si divincolano e si dibattono, che cercano di uscire dalla pietra da cui nascono e che li trattiene.

Michelangelo impiegò un anno a scegliere i blocchi di marmo alle cave di Carrara, ma quando li fece finalmente recapitare in piazza San Pietro non sapeva che farne. Il progetto languiva, i marmi furono sfregiati e infine rubati. I primi Prigioni li scolpì nel 1513, e finirono subito a Parigi, offerti da Roberto Strozzi, che li aveva ricevuti in dono da Michelangelo stesso, a Francesco I. Adesso sono al Louvre. Gli altri quattro li fece circa vent'anni dopo, e sono a Firenze, alla Galleria dell'Accademia.

Il Prigione detto lo schiavo che si desta, il Prigione detto Atlante, il Prigione detto lo schiavo barbuto, il Prigione detto lo schiavo giovane. Hanno un corridoio tutto per loro, e formano una specie di corteo che annuncia il David. Ma non hanno un nome. Sono identificati per come appaiono, per il modo in cui cercano di divincolarsi, dal fatto che abbiano o meno la barba. Un giorno ho iniziato a pensare a quanto somiglino a quegli immigrati che vediamo avvolti nelle coperte, appena sbarcati da barche inverosimili, dopo viaggi infernali, o addirittura ripescati nel mare. Creature che attraversano il mondo passando attraverso strati assai più duri di quelli che attraversiamo normalmente noi, strati di marmo. Ma che da quella loro miseria mostrano un'energia spaventosa.

Mi ricordo gli occhi di un ragazzo liberiano, salvato da un naufragio. Era insieme a un'altra decina di uomini, giovani, bellissimi. Li mostravano al telegiornale avvolti appunto in quelle coperte. Seduti, la schiena poggiata contro un muro, disfatti. Eppure non si aggrappavano alla stoffa, non tremavano. Erano fermi, con quegli occhi accesi, e la coperta come un marmo che li imprigionasse. Quel giorno iniziai a pensare ai Prigioni di Michelangelo in modo diverso.

Avevo sempre immaginato che quelle statue raccontassero un conflitto tra anima e corpo. Una battaglia feroce tra ciò che ti tiene coi piedi per terra e la nostra voglia di volare. Realtà e sogno, quotidiano e utopia. Credevo che parlassero di nevrosi, di lotta furibonda tra l'impossibilità di fare e la necessità di fare. Credevo che tutta l'arte che amavo avesse a che fare con quello che siamo diventati, come se l'umanità avesse avuto una sola fase della sua storia, quella degli psicofarmaci e delle psicopatologie. Che insomma Edipo fosse il primo caso diagnosticato di complesso di Edipo.

Poi sono arrivati anche da noi gli immigrati. L'arrivo degli uomini e delle donne dall'Africa e dall'Europa dell'est è stato come un tassello di tempo diverso inserito nel nostro. Un cronosisma destabilizzante. Sono arrivati mostrandoci come eravamo, cosa viene prima del benessere. Che la parola fame, ad esempio, non significa un desiderio compulsivo di cibo per placare il dolore dell'esser stati poco amati. Non è quell'impulso che precede l'ingozzamento selvaggio e indiscriminato e che è seguito dal vomito. La fame è quando non hai niente da mangiare e se dura parecchio alla fine muori. E altre cose così.

L'immigrazione, oltre a deformare l'aspetto antropologico delle nostre città, sicuramente determinerà un nuovo punto di sguardo. Non potremo non essere influenzati da occhi che vedono la nostra arte senza averne un'esperienza storica e attraverso la loro cultura appunto «pre-nevrotica». Forse anche questo contribuirà a ridefinire la parola 'perfezione'.

30
un caso di nevrosi riuscita

«Credo che per tutti coloro che la frequentano senza esserci nati Firenze sia una città problema. Forse gli indigeni sono mitridatizzati; ma per gli altri è una città impossibile. Non è un luogo verosimile: la densità, l'intensità dei luoghi la fanno una città intossicata dai capolavori; irrespirabile. Quegli stranieri che danno di matto sotto la cupola del Brunelleschi sono esseri sani, normali, ragionevoli, e di successo nella vita; non sono nevrotici; la nevrosi è Firenze. Come accade, la nevrosi è cosa lussuosa, ardua, colta e cavillosa, non è da tutti; Firenze è un caso di nevrosi cui nessun analista oserebbe metter mano; una nevrosi riuscita.»

Firenze è un paziente, sembra dire Manganelli, e per capire cos'ha bisogna addormentarlo. Ipnotizzarlo, con flauti e penduli. Solo dopo averlo steso si potrà tentare di affrontarlo. Il leggendario cattivo carattere dei fiorentini, l'attitudine forastica e diffidente sarebbero quindi una conseguenza dei luoghi. Non è che siamo spaventosamente sarcastici e incapaci di indulgenza, è che siamo allenati, settati, per una vita diversa. Noi fiorentini siamo portatori di anticorpi che ci permettono di sopravvivere alla nevrosi della bellezza assoluta. Non siamo stronzi, siamo diversi. E se teniamo lontani gli stranieri, se li mettiamo alla prova per un periodo lungo, lo facciamo per carità. Lo stesso motivo per cui gli indiani, sapendo che i turisti hanno intestini mollaccioni, non offrono loro acqua del rubinetto. La tranquillità per convivere col capolavoro, come la flora batterica, se non si possiede geneticamente, deve essere acquisita lentamente, come un veleno da cui vaccinarsi aumentando ogni giorno la dose.

Nel settembre 2001 un gruppo di emigrati somali si accampa per tre mesi in Piazza del Duomo, sotto una grande tenda. Affermano il diritto al ricongiungimento familiare. La loro presenza è invadente e disturbante. Non sono più singoli uomini e donne che scendono verso il centro di giorno, chiedendo denaro e passandoci velocemente accanto. Rifugiandosi la notte dentro i loro segreti tuguri, nelle tane interrate. Si impongono alla città nella miseria della loro esistenza, in una specie di *reality show* dello squallore.

La differenza tra un passante e un inquilino è enorme. Un inquilino dorme nella nostra stessa casa, mangia al nostro tavolo, si toglie le scarpe nel salotto. Non aspetta sulla soglia che noi gli firmiamo la ricevuta, o gli paghiamo la prestazione.

Il principio di una città è quello di un filtro. I più antichi abitanti vivono al centro, e ai nuovi è imposta una specie di quarantena. Un tempo di decantazione nella periferia prima di potersi mischiare agli indigeni. Solo il denaro permette di superare questo scoglio, corrompendo il tempo di attesa. Al centro della città abitano quindi gli indigeni e gli stranieri ricchi.

Dalle periferie le persone scendono al centro per qualsiasi motivo. Per lavorare, rubare, chiedere elemosina, rimorchiare. Nessun motivo spinge invece gli abitanti del centro verso le periferie, tranne la curiosità documentaria di pochissimi. Così le loro condizioni di vita nelle periferie ci restano completamente ignote. Ma anche ne fossimo a conoscenza, ciò che conta è che non ce le impongano. Non ci mettano davanti agli occhi la loro miseria nel luogo in cui noi esercitiamo il nostro governo economico.

«Una tenda rizzata per biasimare condannare insultare il

governo italiano che li ospitava ma non gli concedeva le carte necessarie a scorazzare per l'Europa e non gli lasciava portare in Italia le orde dei loro parenti. Mamme, babbi, fratelli, sorelle, zii, zie, cugini, cognate incinte, e magari i parenti dei parenti. Una tenda situata accanto al bel palazzo dell'Arcivescovado sul cui marciapiede tenevano le scarpe o le ciabatte che nei loro paesi allineano fuori dalle moschee. E insieme alle scarpe o le ciabatte, le bottiglie vuote dell'acqua con cui si lavavano i piedi prima della preghiera. Una tenda posta di fronte alla cattedrale con la cupola del Brunelleschi, e a lato del Battistero con le porte d'oro del Ghiberti. Una tenda, infine, arredata come un rozzo appartamentino: sedie, tavolini, *chaises longues*, materassi per dormire e per scopare, fornelli per cuocere il cibo e appestare la piazza col fumo e col puzzo. E, grazie alla consueta incoscienza dell'Enel che alle nostre opere d'arte tiene quanto tiene al nostro paesaggio, fornita di luce elettrica. Grazie a un radio-registratore, arricchita dalla vociaccia sguaiata d'un muezzin che puntualmente esortava i fedeli, assordava gli infedeli, e soffocava il suono delle campane. Insieme a tutto ciò, le gialle strisciate di urina che profanavano i marmi del Battistero. (Perbacco! Hanno la gettata lunga, questi figli di Allah! Ma come facevano a colpire l'obiettivo separato dalla ringhiera di protezione e quindi distante quasi due metri dal loro apparato urinario?) Con le gialle strisciate di urina, il fetore dello sterco che bloccava il portone di San Salvatore al Vescovo: la squisita chiesa romanica (anno Mille) che sta alle spalle di Piazza del Duomo e che i figli di Allah avevano trasformato in cacatoio.» [O. Fallaci, *La rabbia e l'orgoglio*, pubblicato per la prima volta sul «Corriere della Sera» il 29 settembre 2001]

È questo che accade. Lo scontro con la vita e le abitudini degli immigrati, con la miseria che impone loro modi che noi non usiamo più (almeno non in Piazza del Duomo a Firenze) produce in noi uno stupore che si trasforma in rabbia o in senso di colpa. Ma quando la rabbia sboccia, che cosa rivela, qual è il suo oggetto, per cosa vibra la voce e lo sdegno?

Cazzi.

Gente che scopa, che piscia, che caca. Getti di urina prodigiosi, odori, urla. Ma soprattutto cazzi. Il bastone dell'uomo nero che turba i nostri sogni bianchi dall'inizio della storia. E che diventa sempre più perturbante di pari passo col calare della nostra esuberanza sessuale.

Anche questa eccitazione ci servirà a ridiscutere un'esperienza esclusivamente nevrotica del reale. Arrivando quindi a rileggere la grandezza del Rinascimento fiorentino grazie a un confronto con una corporalità arcaica. Un rifiorire di muscoli e odore che noi da tempo abbiamo sostituito con cloni asettici (almeno in Piazza del Duomo a Firenze).

Ma in ogni caso ci vorrà tempo. Per adesso Firenze e i suoi monumenti rimangono, come dice Manganelli, un caso eccellente di nevrosi riuscita.

Negli anni ottanta, quando impazzava la rumba nella città, io ero dunque immersa in malinconici corsi serali di teatro.

Non lo capivo neanche che cosa stava accadendo. Lo riscopro adesso, nelle parole degli altri e nel contagio. Molto di quello che è accaduto negli anni successivi ha usufruito di quell'abbrivio. Certi pensieri e certi spettacoli di oggi sono figli di quella meravigliosa approssimazione.

Ero giovane, credevo che bastasse osservare da fuori per capire. Ancora non sapevo che fino a una certa età per capire bisogna aderire, farsi coinvolgere e massacrare. Al contrario di quando si diventa adulti. Adesso per provare a capire ancora devo esercitare un distacco che mi preservi dal rancore biologico. Quello che a una certa età ti fa dire, come un riflesso condizionato, «arrivano i barbari».

Tra le cose che ho visto c'era *Ignorabimus*, di Arno Holz, con la regia di Luca Ronconi, al Fabbricone di Prato. Avevo più o meno vent'anni. Non lo so se quello spettacolo decise la mia vita, o se furono più importanti le letture del *Quartetto di Alessandria* di Lawrence Durrell e le poesie di Toti Scialoia. Non so nemmeno se la mia vita in qualche modo è stata decisa o se continuo a rotolare da anni, raddrizzando la traiettoria quando sbatto. Ma di certo quelle nove ore di spettacolo sono state una stupefacente lezione di visionarietà.

C'erano Marisa Fabbri, Edmonda Aldini, Franca Nuti e Anna Maria Gherardi, nei panni di altrettanti uomini, e Delia Boccardo, donna. Una scenografia monumentale, una specie di vecchio palazzo semivuoto, dentro il quale si muovevano piccolissime le cinque straordinarie attrici. Assistere era come andare in vacanza per un po'. Uscivi dal teatro sbattendo gli occhi e ti chiedevi chi avesse annaffiato le tue piante o dato da mangiare al gatto, in tua assenza. Ti stupivi di trovare fuori la stessa stagione, la stessa moda addosso alle persone. Le stesse giacche con gli spalloni e le maniche tirate su fino al gomito per gli uomini, i capelli cotonati e colorati di rosa, le camicie da pirata e le prime doc martens per le più audaci di noi.

Qualunque fosse la pazzia, negli anni ottanta c'era qualcuno disposto ad ascoltarti.

31
la fiorentina

Il mio dolce preferito si trova soltanto a Firenze soltanto per un paio di mesi l'anno. In quel periodo intensifico le mie visite e me ne sbafo enormi quantità. Poi arriva la quaresima e la schiacciata alla fiorentina, questo è il suo nome, sparisce inesorabilmente dalle pasticcerie. In tanti anni non mi è mai capitato di beccare un fornaio, un anarchico artigiano che si azzardasse a metterne una in vetrina fuori dal tempo consentito. Ormai mangiamo panettoni sotto il sole e fragole a Natale, ma la schiacciata alla fiorentina scontrosamente saluta e se ne va all'alba del giovedì grasso.

Ho pensato spesso di congelarne un centinaio e tirarne fuori una ogni tanto fino a ricongiungermi col Carnevale dell'anno successivo, ma non funzionerebbe. La sua natura è effimera. Comprata al mattino la sera ha già perso splendore. Lo zucchero a velo si aggruma, scioglie in fretta il suo patto di pacifica convivenza col burro, la pasta si rinsecchisce. E poi è quasi impossibile da trasportare. Andrebbe tenuta perfettamente in orizzontale e a una temperatura costante. La schiacciata alla fiorentina è il trionfo del local sul global, per dirlo in modo disgustoso.

Ma nonostante il mio entusiasmo, la vera fiorentina, in materia di cibo, è la bistecca. Un'enorme fettona, anche di un chilo, ricavata dai lombi del povero vitellone di razza chianina, o maremmana. Deve avere nel mezzo l'osso a forma di T e il filetto da una parte e il controfiletto dell'altra. È alta circa tre centimetri e va tenuta a frollare al fresco per qualche giorno prima di cucinarla sulla griglia. Cuoce in pochissimi minuti e il sale va aggiunto sul lato appena cotto, dopo averla girata l'unica volta consentita dalla ricetta. Una cottura rapida garantisce il risultato ideale: carne cotta all'esterno e morbida e succosa all'interno. C'è poi tutta una retorica del sangue, a proposito di bistecca. Ma non vado oltre. Se penso a quel liquido rosso trasparente che resta sul piatto insieme all'osso spolpato, a quell'odore di corrida, mi si cappotta lo stomaco.

L'ultima fiorentina possibile è la squadra, scivolata all'inferno nelle passate stagioni per cataclismi economici e oggi risorta. Sono proprio due episodi legati al calcio ad aprire e chiudere metaforicamente gli anni ottanta della città.

Il 18 maggio 1990 i tifosi della Fiorentina invadono piazza Donatello e si accalcano sotto la casa del conte Flavio Callisto Pontello, presidente della squadra. Di colpo, nella folla, qualcuno ordina il silenzio e alza il volume della sua radiolina. Si diffonde la voce di Roberto Baggio, che in conferenza stampa da Modena dichiara: «La società non mi ha fatto alcuna proposta economica in questi mesi e l'unica possibilità che mi è stata offerta è quella di andare alla Juventus. In questo momento penso solo alla gente di Firenze, con loro in questi cinque anni ho avuto un rapporto speciale. Alla fine sono sempre i tifosi a rimetterci». Un attimo dopo si scatena una guerriglia che la polizia riuscirà a domare solo dopo un paio di giorni.

Poco meno di dieci anni prima, il 22 novembre 1981, un episodio altrettanto clamoroso. La Fiorentina è in vantaggio per 3 a 1 quando il portiere del Genoa, Silvano Martina, nel tentativo di fermarne la corsa, allunga un po' troppo la gamba verso l'alto e colpisce in pieno la tempia di Giancarlo Antognoni. Il biondo attaccante cade a terra e, nonostante gli incitamenti rabbiosi dell'arbitro, non si alza. La curva è in piedi, ammutolita: Giancarlo Antognoni, sul prato dello stadio comunale Artemio Franchi, non respira più. I compagni, gridando dal campo, incitano i soccorsi. Il dottor Gallo, medico del Genoa, si china su di lui.

È lui che gli salva la vita. La lingua lo stava soffocando. Il primo massaggio cardiaco glielo pratica lì, sul campo. Il cuore riparte, ma subito dopo, prima ancora che il calciatore sia salito sull'ambulanza, si ferma di nuovo. E di nuovo riparte. Frattura comminuta parietale con conseguente ematoma. Il professor Mennonna che lo operò, uscì dalla sala operatoria dicendo ai giornalisti: «Giancarlo Antognoni tornerà a giocare». Il 21 marzo, contro il Cesano, il bell'attaccante torna in campo. Quell'anno la Juventus vinse il campionato, davanti alla Fiorentina. Meglio secondi che ladri fu uno slogan che si sentì a lungo in città.

Dentro questi due episodi, il miracolo dell'amatissimo calciatore che muore in campo e poi resuscita, e la fine del sogno di Baggio, stanno gli anni ottanta. Anche il calcio ha avuto i suoi anni gloriosi, mentre la città se la spassava.

32
le puttane

Ma prima di tutto questo, prima di Lou Reed e l'eroina, prima delle doc martens e della strage di Bologna, prima di Canale 5, la P2, Alfredino Rampi, Ustica, Lady Diana e Ali Agca, io attraversavo in autobus il Parco delle Cascine per andare a giocare a tennis. E guardando fuori dal finestrino pensavo che tutto quanto dipendeva dalle puttane.

Com'erano belle! Tutte le donne con le tette sembrano belle a una ragazzina di dieci anni senza tette, ma le puttane erano belle davvero. Anche se forse erano uomini. Non so dirlo con certezza. Mi ricordo che fumavano e stavano appoggiate ai cofani delle Alfette, che avevano i collant color carne e le catenine d'oro alle caviglie (sotto i collant).

Penso che fossero donne perché, i primi trans erano tutti brasiliani e quindi scuri di pelle. Mentre le puttane erano bianche, allora. E lavoravano anche di giorno mentre al circolo, protetti da alte siepi di alloro, giocavamo a tennis.

Dalle puttane, pensavo, dipendeva quello strano clima pruriginoso che si respirava nella palazzina e tra i campi del circolo del tennis. Sguardi lascivi, porte che si aprivano e si chiudevano, e gli spogliatoi.

Sugli spogliatoi maschili si è scritto di tutto. C'è un gergo, una moda, caterve di pubblicità, è quasi un genere letterario. Non altrettanto su quelli delle donne. Perché lo sport è ancora, come investimento emotivo collettivo, un fatto per uomini. E anche perché le confidenze femminili hanno molte altre sedi. Eppure io me lo ricordo l'odore di quello spogliatoio. La mitologia dello spogliatoio femminile, apparentemente più lieve, nasconde una riflessione profonda sul senso del tempo.

Sul corpo di un uomo, il tempo si misura in decenni. Un uomo ha vent'anni, poi trenta, poi quaranta... Non c'è quasi niente nel mezzo. Dopo aver perso i capelli, il grande trauma, può mettersi sereno. Se la sua vita non è un gran casino di alcool e cibo, può rilassarsi sul fronte dell'invecchiamento almeno fino ai cinquanta.

Per una donna le cose cambiano di mese in mese. A volte di giorno in giorno, dentro l'oscillazione del ciclo o della gravidanza, o nell'olocausto dei chili che vanno e vengono. La complicata biologia del corpo femminile affiora spudoratamente a ogni intoppo. Quel poco che so sulle leggi del tempo io l'ho imparato là dentro, in quello spogliatoio.

C'erano le ragazzine, e non valeva. Quelle con le gambe muscolose e i seni che bucano le magliette bianche. Senza odore, senza cedimenti. Il grasso delle ragazzine è come i muscoli e i capelli, non è fuori, è dentro la struttura del corpo. È organico, segue la curva dei fianchi, della pancia, delle cosce.

Ma basta poco. Dopo i diciott'anni il corpo di una donna diventa un mistero. Da fuori, sotto i vestiti, sembra quasi uguale. Ma nudo è diverso, molto diverso. Cambia profondamente di consistenza. Certe volte la nuova consistenza è anche migliore della precedente, ma nessuno può mettere in dubbio che sia diversa.

Di questo mistero si fa esperienza in uno spogliatoio femminile. E quando sei una ragazzina, ti vedi passare davanti il palinsesto delle età che verranno, in tutte le più piccole variazioni. Se una donna accanto a te si dà la crema alle gambe, tu saprai cosa accadrà ai tuoi ginocchi. Del tuo seno ti insegnerà un corpo piegato in avanti per asciugare i capelli col phon. E poi le cicatrici delle gravidanze, gli assorbenti, i nodi sui piedi, la forma del culo...

Fuori quindi c'erano le puttane e dentro le donne. Sono stata fortunata. La mia seconda lezione di educazione sessuale (dopo il libricino con la copertina azzurra) mi ha messo decisamente sulla buona strada. Finalmente capivo che il sesso non era un'attività domestica, ma aveva a che fare col desiderio disperato di combattere la slavina del tempo, con la smania, la clandestinità, l'indecenza. Che non c'entra niente con l'inganno nel quale mi aveva fatto cadere la coppia dei miei amici nudisti, Candice Bergen e Big Jim. Il sesso e la famiglia sono due cose decisamente diverse.

33
il consolato americano

Presto a Firenze ci sarà la tranvia, ma per adesso ci sono i lavori. Imponenti, invasivi, insopportabili. Il ponte alla Vittoria e tutto ciò che ci sta intorno sono soffocati da un nodo inestricabile di macchine che non si allenta mai.

Anche prima c'era traffico. Da quando mi ricordo quel tratto di viale che va dalla Porta al Prato fino al ponte è sempre stato incasinato. Ma adesso è peggio, non c'è dubbio. In questi anni tutta la zona ha assunto un aspetto sospeso e trasandato, non sembra neanche di stare a Firenze. Per questo motivo quando sono quasi andata a sbattere contro una incongrua fioriera piazzata nel mezzo del Lungarno Amerigo Vespucci quasi non ci ho fatto caso. Non mi sono stupita, ho messo i piedi giù dalla bicicletta e mi stavo rassegnando a pagare il mio pegno al progresso della città.

E invece no. Quelle fioriere, e le transenne, le camionette coi carabinieri messe di traverso come in un'eterna emergenza non sono una tappa disagevole da sopportare in vista di una modernizzazione. Sono un raffazzonato tentativo di risolvere un problema, reagendo con colpevole debolezza di fronte all'arroganza.

Il Lungarno di Firenze, come gran parte della città, è patrimonio del mondo. È difficile mettersi in relazione con la bellezza, ma si può fare. A patto che si tenga presente che non è privata. È come se ogni gesto prevedesse l'approvazione di un'assemblea di un immenso condominio.

Oppure si tratta di ricrearne una nuova sulla base di un nuovo talento. Come mettere i baffi alla *Gioconda*, o una piramide di fronte al Louvre. Chi ha il coraggio, e l'immaginazione, può farlo.

Ma quello che non si può fare per nessun motivo è regalarla, questa bellezza, a chi mostra i muscoli, sputtanarla perché qualcuno la trasformi in un'ennesima dimostrazione di potere.

Mi piacerebbe sapere che cosa pensa Oriana Fallaci di quello che ha fatto il consolato americano del Lungarno Vespucci. Per carità, niente piscia e niente cazzi, non si sentono né preghiere né puzze di nessun genere. Semplicemente perché quel pezzo di Lungarno non c'è più. È stato sottratto e messo sotto vuoto. Non è più di proprietà della città e dei cittadini. Alcune centinaia di metri di uno dei lungofiume più belli del mondo sono diventati l'entrata del consolato americano.

Sorvegliato dalle due gigantesche fioriere, inamovibili, cementate in mezzo alla strada di traverso. Non sul marciapiede, ma in mezzo alla strada, dove le auto transitavano normalmente. E dove continuano a transitare, nel tratto che segue e in quello che precede. E dal momento che il divieto vige anche alle spalle del palazzo, garantito da transenne e da solerti carabinieri, quel rettangolo di città è diventato un territorio astratto, una «zona» dove neanche gli *stalkers* sono ammessi. Per evitare che ci parcheggino jeep imbottite di esplosivo. Capisco la loro preoccupazione, ma per quale motivo non si spostano allora in una parte della città che sia controllabile senza creare disagio?

Come reagirebbero se ci prendessimo una mano della Statua della Libertà per farne una pista per elicotteri, o chiudessimo il ponte di Brooklyn perché ospitasse la fiera della porchetta di Ariccia?

«Le due sponde dell'Arno, nel tratto che costeggia il Parco delle Cascine, sono collegate da due ponti che hanno caratterizzato il paesaggio fluviale. Fuori Porta San Frediano era collocato il ponte denominato San Leopoldo in onore dell'allora granduca di Toscana Leopoldo II di Lorena, costruito nel 1836 di cui oggi abbiamo perduto le tracce fisiche dell'originaria struttura. Si trattava, infatti, di un ponte sospeso sull'Arno in struttura metallica costruito dalla Società francese dei fratelli Marc e Jules Séguin, famosi ingegneri esperti nella progettazione di ponti metallici. Il ponte San Leopoldo, assieme a quello di San Ferdinando, con le sue avveniristiche strutture costituiva un importante esempio dei progressi della tecnologia, dando avvio in Italia alla fase delle costruzioni dei ponti in ferro. Il ponte San Leopoldo collegava la via Regia Pisana e Livornese con la Pistoiese e, a partire dal 1848, il borgo 'industriale' del Pignone con la stazione ferroviaria Leopolda. Negli anni trenta del nostro secolo fu abbattuto per far posto a un ponte in muratura, che, distrutto durante la Seconda Guerra Mondiale, fu a sua volta sostituito dall'attuale ponte su tre arcate, denominato ponte della Vittoria. Poco oltre la confluenza del torrente Mugnone nell'Arno è posto il Ponte all'Indiano, costruito nella seconda metà del Novecento dagli architetti Adriano Montemagni e Paolo Sica e dall'ingegnere Fabrizio De Miranda. Il ponte, che presenta due livelli (uno automobilistico, l'altro pedonale), è stato realizzato con un'unica campata in ferro che presenta una luce di circa duecento metri. La campata è appoggiata a due spalle in cemento armato e sostenuta da cavi di sospensione ancorati a due piloni in ferro alti circa quarantotto metri leggermente inclinati.»

Notizie rubate da internet.

Diladdarno

34
il vestito del matrimonio

Mia madre conserva il suo vestito bianco del matrimonio in una scatola, relegata nello scaffale più alto dell'armadio. Sospetto che relegare la scatola col vestito del matrimonio nello scaffale più alto dell'armadio sia stato il suo primo gesto ogni volta che cambiavamo casa. Non è mai capitato infatti che vedessi quella scatola poggiata a terra, o da qualsiasi altra parte. Per praticità probabilmente, non capita spesso di dover usare il vestito bianco nella vita di tutti i giorni. Ma forse anche per struggimento. Immagino che vederlo ingiallirsi, farsi liso e lucido, creparsi nelle pieghe non sia uno spettacolo allegro. Non c'è niente di equivalente a un vestito del matrimonio in quanto a nostalgia. Certe pettinature, scarpe, profumi appartengono a un tempo che non tornerà, ma un tempo è meno doloroso di un giorno. Si scioglie, come gocce di Lexotan in un bicchiere. Un giorno è quella goccia.

Ricordo l'istante esatto in cui mia madre rispose al telefono, e dalle sue poche parole capii che dall'altro lato qualcuno le stava dicendo che la mia amica più cara era morta. Ricordo la sensazione, che non ho più provato, di essere attraversata da una specie di scossa elettrica che, partita dalla testa, si è scaricata a terra, tra i piedi.

Subito ho fatto un gesto assurdo. Mi sono buttata su una poltrona del salotto, con le gambe in alto sul bracciolo e il culo sul cuscino. Un tipico gesto da adolescente, scomposto ed energico. Per anni ho continuato a pensare a quella reazione bipolare, senza riuscire a darmi una spiegazione. Dentro di me qualcosa si spezzava per sempre e io saltavo sopra una poltrona.

Succede così di fronte alla morte. Ti fai continuamente le stesse domande ma non puoi andare avanti, perché in fondo c'è quel muro. Perché le ho detto quella cosa, perché non ho fatto quello che mi ha chiesto, perché ho reagito così. Sono passati molti anni e ho ancora nelle gambe nude la sensazione del tessuto lanoso di quella poltrona. Non ci terrei per niente a rivederla.

Alcune donne, quando scelgono il vestito per il matrimonio, dicono che dopo lo tingeranno. O lo accorceranno, gli taglieranno le maniche, gli staccheranno il velo per ricavarci un top trasparente. Ma non è vero. Lo dicono perché sono disorientate. Sono donne che fino a quel giorno hanno avuto esistenze normali, andando a lavorare in motorino, facendo sesso con il fratello dell'amica, bevendo, fumando, leggendo il giornale la mattina. E di colpo si trovano in piedi davanti a uno specchio, vestite come in un film sulla guerra di secessione. È una specie di licenza temporale. Il matrimonio è un giorno escluso dalla storia, una liturgia le cui regole non devono confrontarsi con quello che accade nei giorni che lo circondano, ma con le infinite eco di se stesso. Le donne si sposano oggi vestite come nella Grecia di Pericle, o nella Firenze di Lorenzo il Magnifico. Capisco perché desiderino occultare le prove di questa pazzia con molta accuratezza.

Ma un giorno l'ho visto. Mia madre l'ha aperto e me l'ha mostrato per un attimo. Sapeva di chiuso, ovviamente, ma la cosa che più mi ha colpito è quanto fosse piccolo. Il vestito di una bambola. Le donne pesano pochissimo quando si sposano, meno ancora del giorno degli orali alla maturità. È come se prendessero la rincorsa da lontano per affrontare poi la gravidanza. Mia madre quel giorno mi disse che lo aveva conservato per me, ma io non ci sarei mai entrata dentro. E aveva ragione, per moltissimi motivi.

Mio padre, il giorno del matrimonio, aveva gli incisivi un po' in fuori, come un coniglietto. Si vede benissimo nelle fotografie, anche perché sorride moltissimo. Ora non ce li ha più. Però li ho avuti io per moltissimo tempo. Sappiamo poi com'è andata a finire coi miei incisivi.

Questa storia mi fa sempre pensare alla figlia di Madonna, la piccola Lourdes Maria. Con i capelli nerissimi, le sopracciglia nerissime unite come nei ritratti di Frida Kahlo, ma anche identica alla madre. Lourdes è una specie di memoria di prima della trasformazione. Segna i blocchi di partenza dai quali Madonna è scattata grazie a una accortissima strategia estetica. I figli sono così, rivelatori di un passato che spesso preferiremmo occultare. Poi a loro volta crescono e si ristrutturano. Neanche io, per esempio, ho più gli incisivi a coniglio.

Ci sono foto del matrimonio dei miei genitori che ogni tanto vengono rievocate per controllare i danni del tempo sui corpi di alcuni invitati. Com'è invecchiato tizio, com'era bella caia! Di altri si dice: sembrano ancora tanto giovani coi loro cappelli e i vestiti leggeri, e adesso sono morti. Alcune coppie si sono separate, ma neanche tante. Se guardo le mie foto e quelle degli amici, riesco a datarle a seconda dell'uomo o della donna che abbiamo accanto. Nel tempo dell'eterna giovinezza, soltanto gli amori ci ricordano che l'esistenza ha tappe, snodi, scalini.

Ma ce n'è una speciale. Mia madre e mio padre escono dalla chiesa e alle loro spalle fa capolino un ometto basso, con gli occhiali tondi e l'aria di essere in ritardo. Come il coniglio di Alice, quello con l'orologio nel panciotto. Quest'uomo è Giorgio La Pira

Da quella foto, che ha attraversato come un talismano tutta la mia infanzia, al pari del libro di poesie di García Lorca, è iniziato questo libro. Quella posa di Giorgio La Pira, come di chi capiti per sbaglio in un'inquadratura, mi è sempre sembrata molto evocativa. Perché una storia nasce sempre da qualcuno che si mette per sbaglio davanti a una telecamera, e perché racconta molto bene la personalità di uno dei politici più affascinanti del dopoguerra.

35
Giorgio La Pira

Anche Giorgio La Pira, come mio padre, era nato in Sicilia. Nel 1904 a Pozzallo, in provincia di Ragusa. Anche lui laureato in giurisprudenza, si era trasferito a Firenze nel 1926, seguendo il suo professore Emilio Betti. Nel settembre del 1943, ricercato dalla polizia fascista, scappa a Fonterutoli, nel Chianti, dove rimane per tre mesi, ospite della famiglia Mazzei. Fioretta, figlia del professor Jacopo, un grande amico di

La Pira, divenne da allora una delle sue interlocutrici più attente e attive.

Tornato a Firenze dopo la guerra, ricominciò a insegnare all'università. La sua materia, per la quale era molto conosciuto anche a livello internazionale, era il diritto romano. Per i suoi studi, e per il suo impegno antifascista, che divenne negli anni un pacifismo lucido e assoluto, entrò a far parte della Commissione per la Costituzione (detta «dei settantacinque»), incaricata appunto di redigere il progetto costituzionale. Nel 1948 è sottosegretario al ministero del Lavoro del governo Fanfani, nel 1951 viene eletto per la prima volta sindaco di Firenze. Il secondo mandato, iniziato nel 1956, si interrompe nel 1957 con le sue dimissioni. Parlamentare nelle file della Dc, torna a Firenze nel 1961, perché viene eletto sindaco per la terza volta. Nel 1965 lascia definitivamente la carica. Quella foto, quella del matrimonio, è dell'aprile 1964.

Ce n'è un'altra dove mio padre compare accanto a La Pira, in una circostanza diversa. I due uomini sono in piedi davanti a un portone, e mio padre è leggermente chinato verso il professore, più basso di lui. Ma anche per rispetto, nel corso di una conversazione appassionata si direbbe. Mio padre ha in tasca la copia di un quotidiano ripiegata. Si legge soltanto «il giornale di». È una tipica immagine dei giovani prima della rivoluzione, ordinata anche nella composizione, seria, rispettosa.

La Pira fu un sindaco, un politico, molto eccentrico. Cristianissimo, seppe stare dalla parte dei deboli fino in fondo. Sulle barricate con i lavoratori che rischiavano il posto, tirando continuamente per la giacchetta l'amico Fanfani a Roma, nei vari ruoli che occupò nei governi di quegli anni. Un bell'epistolario testimonia la loro amicizia e il percorso fatto a fianco in nome di ideali comuni.

Quando i proprietari minacciavano licenziamenti di massa, La Pira convinse Enrico Mattei a rilevare le officine Pignone. Idealista e visionario, viaggiò in Palestina per mediare tra arabi ed ebrei, in Unione Sovietica per convincere i russi ad abbandonare l'ateismo, a Hanoi per negoziare con Ho Chi Min la fine della guerra con gli Stati Uniti. Promosse incontri tra tutti i sindaci del mondo, invitò a Firenze i rappresentanti degli Stati africani per affrontare la crisi del terzo mondo. Fu rivoluzionario e cattivo profeta (come tutte le persone idealiste, che combattono per qualcosa anche se ne intravedono il fallimento all'orizzonte), e si adoperò per le proprie idee spudoratamente, lontano dal tatticismo che il suo partito elesse presto a sistema.

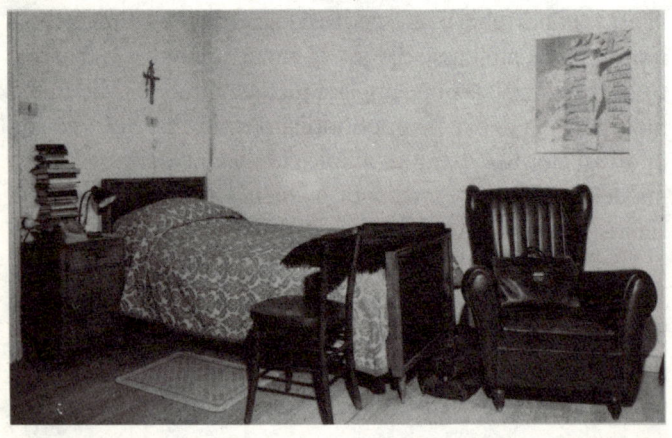

Non possedeva quasi niente, tranne pochi libri. Non ebbe mai una casa per sé. Visse per tutta la vita in una stanzetta, prima la cella numero 6 che i monaci del convento di San Marco gli misero a disposizione, poi presso l'opera della Gioventù di Pino Arpioni in via Gino Capponi. Dopo aver governato la sua città, essere stato a colloquio con i grandi del mondo, dopo aver combattuto e mediato, ogni sera si ritirava in quei pochi metri quadri, come un monaco. Di quella stanza esiste una fotografia, in un bel libro di ritratti del sindaco santo, pubblicato da Polistampa.

Si vede un letto singolo di legno, una sedia, un comodino con una pila di libri accatastati. Una poltrona, uno scendiletto a terra, nient'altro. Anche il pavimento è di legno. Somiglia moltissimo alla stanza di Arles ritratta da Van Gogh, intensa e austera, povera.

«Quali sono le dimensioni mondiali dei problemi della povera gente?»: inizia così uno dei più famosi saggi di La Pira, *L'attesa della povera gente*. Scritto nel 1951, affronta col suo solito stile finto ingenuo e ostinatamente lontano dalla prosa arida della politica il tema della disoccupazione. La risposta di La Pira è lapidaria, una scelta di campo inequivocabile. Tutti devono lavorare, il lavoro è un diritto, e quando non c'è, è lo Stato a doverselo inventare, a prendere decisioni che vadano verso una piena occupazione della popolazione.

Non sarebbe accaduto, come sappiamo. Il nostro paese avrebbe fatto scelte diverse, fino ad arrivare a questi anni nei quali il concetto di occupazione è stato completamente sbriciolato. Non solo il lavoro in quanto tale (contratto, stipendio, pensione) non esiste più, ma la maggior parte delle occupazioni che definiamo «lavori» (temporanei, stagistici, non pagati, occasionali...) sono dei simulacri, grottesche imitazioni dove i gesti non sono altro che pantomime senza senso. Uomini e donne laureati nelle varie discipline, costretti a importunare telefonicamente le persone fin quando non riescono a fregare qualcuno, eterni stagisti di chissà quale strategia della comunicazione, comparse televisive, assistenti di professionisti sempre più vecchi che si guardano bene dal mollare l'osso.

Ma la forza di un pensiero non mi sembra debba essere misurata sul suo grado di profeticità. Anzi, come dicevo, più intensa è la riflessione sul presente, più fallace è la previsione del futuro. Perché la storia non è un teorema, ma una serie di smentite e curve improvvise. I filosofi più acuti non possono far altro che allungarsi e allargarsi intorno a quello che sanno e quello che vedono, e lì trovano sempre la stessa cosa: la guerra e il suo antidoto, la pietà. Ma di questo, pur facendo esperienza, non si può fare tesoro.

Le uniche Cassandre sono quelle che prevedono sciagure. Così non si sbaglia. Dicendo e scrivendo della rovina imminente del mondo si colpisce sempre nel segno. Basta avere abbastanza fiuto da riuscire a intuire il lato dal quale sta marcendo, ed è fatta.

La specialità del pensiero di La Pira, invece, è la sua fertilità. Quello che ha detto, e fatto, si è sempre trasformato in qualcosa. Dopo aver indicato, ha agito. Dal piccolissimo all'infinitamente grande, costeggiando il ridicolo di imprese titaniche, come cercare la pace tra arabi e israeliani, la fine della guerra tra il Vietnam e gli Stati Uniti, piuttosto che abbandonarsi al pessimismo della fine.

36
i poveri

«Osservare novemila disoccupati senza intervenire in qualsivoglia modo? Senza stimolare, per vie diritte e per vie storte, un governo apatico, quasi ignaro del dramma quotidiano del pane di novemila disoccupati? Non c'è danari: quale formula ipocrita e falsa; non c'è danari per i poveri la formula completa e vera! Siamo un paese povero: altra forma ipocrita: siamo un paese povero pei poveri, è la formula vera! [...] mi possono arrestare, ma non tradirò mai i poveri, gli indifesi, gli oppressi [...] Amintore caro, mi sono spiegato? Tu come ministro dell'Interno non mi incuti nessuna paura, e non mi susciti neanche (perdona) speciale rispetto: l'autorità appare ai miei occhi solo come tutrice dell'oppresso contro il potente.»

Questa lettera di Giorgio La Pira ad Amintore Fanfani è stata scritta nel 1953, quando la trattativa per la Pignone era più aspra. Al sindaco il governo sembrava immobile, sembrava non voler prendere iniziativa contro la crisi che la città avrebbe dovuto sopportare nel caso fossero stati messi in atto i licenziamenti annunciati. La Pira combatte, pronto a restituire la carica se essere sindaco dovesse significare un rispetto verso regole che non accetta, si sottrae all'attendismo della politica, svela l'inganno. Urla, si scompone, ma alla fine ottiene quello che desidera. L'Agip di Enrico Mattei mette in piedi una società con la vecchia proprietà della fabbrica e ne rileva gli impianti. I posti di lavoro sono salvi.

Le radici del suo pensiero sono cristiane, cristianissime. La Pira rispolvera addirittura una zona poco frequentata del catechismo per ricordare che la «frode nella mercede agli operai» è uno dei quattro peccati che gridano vendetta al cospetto di dio. Insieme all'omicidio volontario, il peccato impuro contro la natura (che non è l'omosessualità, ma la violenza, la pedofilia, lo stupro del forte verso il debole) e l'oppressione dei poveri.

Ma la sua attenzione nei confronti dei deboli, la scelta di gettare sul piatto della trattativa politica l'impudicizia di una terminologia francescana, creaturale, diventano in fretta rivoluzionarie, quasi impossibili da sopportare. Non credo che sia un caso che La Pira, nella seconda parte della sua carriera di sindaco, decida di orientare la sua utopia verso il fuori, la politica internazionale, le grandi battaglie per la pace. Di sfilarsi in qualche modo dall'agone del ricatto di partito, del braccio di ferro tra il Palazzo e il cittadino. Come testimoniano le lunghe e appassionate lettere scambiate con Fanfani, ogni sua battaglia era prima di tutto una battaglia contro il potere, contro se stesso, in qualche modo. Contro il partito, gli amici. Di questo dovrà essersi stancato a un certo punto.

Ma mai dei poveri, degli ultimi, dei «cenci umani», come li chiama lui stesso nel raccontare la nascita della cosiddetta «Repubblica di San Procolo». Nel 1934, molto prima di entrare in politica, La Pira e don Bensi si interrogano su come intervenire materialmente e religiosamente nelle zone della miseria più estrema. Decidono quindi di istituire un incontro, una messa domenicale da celebrare apposta per loro. Dove distribuire anche pane, latte, indumenti, ma soprattutto creare un legame di rispetto con chi è sempre stato ai margini, un luogo di incontro ma anche di ascolto. Dalla messa di San Procolo, racconta La Pira, partivano spesso lettere rivolte al papa, scritte in carta semplice e firmate da tutti i poveri. Ascoltando la loro miseria e le loro richieste, il giovane professore di diritto romano dice di aver maturato la sua coscienza politica. E di questo scambio non fece mai più a meno, neanche negli anni delle cariche pubbliche. Ancora oggi, ogni domenica mattina alle nove, si celebra a Firenze una messa dei poveri nella chiesa della Badia.

Romano Bilenchi, in un libro intitolato *Amici*, dedica a La Pira questo ritratto:

«Sapevo che sarebbe stato sindaco come era uomo – ne ero amico da tanti anni, l'avevo conosciuto subito dopo il 1930 al 'Frontespizio' – con la sua fede, le sue passioni. Uno di quegli anarchici medievali, seguaci soltanto di dio. 'Il capitale è un furto' diceva inaugurando il suo corso universitario. Se incontrava il direttore di una banca – e una volta in mia presenza – gli diceva: 'Vieni ladro, se non fossi ladro non saresti un banchiere, dammi cento milioni per i poveri'. 'Non si può' rispondeva l'altro. 'Come non si può? Durante il fascismo tutti gli anni, per rimanere al tuo posto, davi quattrini all'Opera Nazionale Balilla, i poveri sono più importanti e bisognosi dei balilla' rispondeva La Pira. Era, naturalmente, in pessimi rapporti con Confindustria.»

Sulla copertina del libro del 1952, pubblicato dalla Lef (Libreria editrice fiorentina), che raccoglie alcuni articoli di La Pira apparsi su «Cronache sociali», tra i quali *L'attesa della povera gente* che dà il titolo al libro, c'è un disegno. È un uomo in ginocchio, vestito in maniera dignitosissima con giacca e pantaloni, le mani giunte davanti al corpo leggermente proteso in avanti. Ha i tratti del viso un po' marcati, le labbra gonfie e leggermente sporgenti quasi da nero. Ma soprattutto quelle mani, grandi e grosse, che svelano disagio nel rimanere a posto, con le dita che si congiungono a malapena, impedite dai calli e dalla durezza delle giunture.

È un povero, credo, nell'idea del disegnatore, una di quelle persone scivolate al di sotto della famosa soglia senza aver neanche capito in che modo. Uno che ha dormito in una casa, con una donna e dei figli per molti anni, che ha lavorato e poi è caduto giù. Quando bevi molto le mani si gonfiano. Tutto si gonfia, ma le mani diventano rosse, con la pelle tirata e lucida come quella del maiale. E rigide. Diventa difficile fare qualsiasi cosa quando le mani si trasformano in quel modo, anche pregare.

Sono così gli ospiti dell'Albergo Popolare. Tossici e alcolizzati, o ex tossici ed ex alcolizzati, ma le mani non tornano a posto, mai più. Un po' sdentati, tremanti. L'albergo si trova alle spalle della chiesa del Carmine, della quale condivide un chiostro, bellissimo. Era parte del convento, fin quando nel 1804 Napoleone lo chiuse, requisendo i beni alla Congregazione Carmelitana. L'anno successivo divenne dormitorio pubblico.

È in San Frediano, a via della Chiesa. Una via tra le poche che conservano il segreto del passato del quartiere. Negozi di artigiani, case sui campanelli delle quali non trovo neanche un nome inglese. Ci abitano ancora i fiorentini qui, non è ancora arrivato il ricambio dei ricchi e degli stranieri. L'entrata dell'albergo rivela una tipologia classica della città, quella dell'edificio monumentale, al quale sia stata cambiata la destinazione d'uso. Anche il mio liceo, il liceo Michelangelo in via della Colonna era così. Un ex convento trasformato in liceo. E la sede della facoltà di Lettere, e quella di Ingegneria e quella di... A Firenze quasi ogni istituzione moderna deve fare i conti con una sede inadeguata, perché organizzata per cavalli e silenzio, poche persone, gesti composti. Stanze nelle quali la vista di un computer somiglia alla bizzarra installazione di un artista eccentrico, muri dove perfino le canaline dell'elettricità sembrano un progetto ipertecnologico.

Nell'Albergo Popolare è l'ordalia di porte/chiavi/passi a rivelarsi completamente fuori luogo. Un sistema di controllo impiantato su un palazzo degli anni trenta. C'è perfino una reception, con un banco, anzi, un desk, dietro il quale una persona gentile organizza il traffico delle entrate e delle uscite. All'Albergo ci sono solo uomini. Sono previste diverse forme di accoglienza, dal rifugio di emergenza per una notte, fino al miniappartamento disponibile per tre mesi.

Il direttore Luca Angelini, che mi porta in visita, mi spiega la faccenda con quel misto di distacco ed energia che riconosco sempre nelle persone che si occupano di solidarietà. Un modo per sopravvivere e non arrendersi, per fare senza essere travolti dalla tentazione dell'impossibilità e forse anche dalla pietà. Ha poco tempo, ma me lo dedica volentieri. Sotto i portici del chiostro ci sono alcuni tavoli dove gli ospiti possono mangiare. In alto, al primo piano, le finestre degli alloggi.

Incontriamo un uomo con le stampelle. Il direttore gli chiede notizie della sua salute, l'uomo scuote la testa, sorride. Siamo sempre tentati di commisurare uno sforzo al risultato, e il risultato a una specie di media nazionale delle prestazioni: salute, denaro, felicità. Qui è diverso. Quando chiedo al direttore quante delle persone che accolgono, poi, uscendo da qui, sono capaci di reinserirsi nel mondo, tornare a essere autonome, neanche mi risponde. Poi dice una percentuale, mi pare dieci per cento ma non è importante. La mia domanda era sbagliata.

Occuparsi dei marginali non significa immaginare che, anche solo tendenzialmente, nelle società sparirà la sofferenza, l'intera categoria dei poveri. La differenza, anche profonda, è endemica. Ciò che conta è alleviare la pena, ottenere dilazioni di tempo, spazi di dignità. L'esistenza è per tutti come una giornata di pioggia, un tentativo di arrivare in fondo cercando di bagnarsi meno possibile, passando di tetto in tetto. Semplicemente per qualcuno la tempesta è più forte.

37
un ometto in doppiopetto

Sono poche le fotografie nelle quali La Pira non sorride.

Non sorride in quella con mio padre, ma solo perché sta ascoltando. Tiene le mani dietro la schiena e la testa leggermente piegata da un lato. Indossa un vestito scuro e una giacca a doppiopetto.

Non sorride nelle fotografie che lo ritraggono nei giorni dell'alluvione mentre si aggira con un paio di stivali di gomma e un impermeabile tra il fango della città. O quando prega a occhi chiusi, nel suo viaggio in Terra Santa. Ma davanti al papa, ai grandi del mondo, ai bambini delle colonie, ai cardinali agli studenti e agli operai, ha sempre quel sorriso potente, sul volto piccolo e rotondo. Un'espressione inconfondibile, che esprime volontà e coraggio, fiducia totale nelle possibilità dell'individuo.

In quegli anni le persone sorridevano poco, molto meno di adesso. Nelle occasioni private, dove il sorriso era riservato alle donne, ma soprattutto quando dovevano apparire potenti, ostentare una sicurezza eroica, inavvicinabile. Più alta era la loro posizione sociale e più corrucciato il volto. Gli uomini si facevano ritrarre sempre seduti dietro scrivanie pesanti, con tre dita a sorreggere il mento e lo sguardo serio, dritto verso l'obiettivo. Nelle riunioni ufficiali ci si stringeva la mano, nessuno si azzardava a toccare la spalla del collega, tantomeno ad abbracciarlo. Una grammatica del corpo che doveva esprimere rispetto e distacco, un eterno duello tra gentiluomini.

La Pira era diverso. La forza alla quale era interessato era quella di chi si lascia attraversare e non oppone resistenza. «Offrirsi umilmente come campo di battaglia.» Alla fine, nelle ultime pagine dello stesso diario, Etty Hillesum scrive anche: «abbiamo lasciato il campo cantando». Intendendo per campo il campo di concentramento dove era rinchiusa e che stava lasciando per essere deportata ad Auschwitz, dove sarebbe morta di lì a poco. Cantando.

Quando nei miei anni sessanta scoppia finalmente la rivolta, i ragazzi e le ragazze cantano e ballano per strada, nelle università occupate, davanti a poliziotti e carabinieri nelle loro ridicole divise antisommossa. A Parigi le ragazze sfilano a seno nudo, da noi qualcuno osa togliersi il reggiseno e marciare scalzo. Tutti trasformano il proprio volto e il proprio abbigliamento. Al bando le rigidità.

Io ho tre anni e Giorgio La Pira è in Israele. È appena finita la guerra dei Sei Giorni, e l'ex sindaco cerca di mediare tra le parti. È convinto che la volontà possa qualcosa contro la storia, crede nella pace tra i popoli.

Dicono che La Pira fu uno dei pochissimi professori a non essere contestato dagli studenti, in quegli anni. Qualcosa di profondo e sincero apparenta il suo cristianesimo francescano, il suo animo anarchico, come direbbe Bilenchi, alla rivoluzione della felicità.

Dov'è finito, in questi anni postumi, quell'atteggiamento, quel modo di fare politica e soprattutto di immaginare il mondo?

La parola felicità è diventata un tabù. Per felicità si intende ormai soltanto disponibilità economica, vacanze, oggetti costosi. Una specie di orrenda caricatura. La felicità è il benessere? Ma il benessere che cos'è? I massaggi? Il succo di carota? La cyclètte? Molte delle cose che sapevamo sono diventate mostri, le idee, i sogni si sono trasformati in incubi.

Poi, qualche anno fa, è tornata in politica la parola felicità insieme alla parola miracolo. È sceso in campo un ometto in doppiopetto, che parlava un linguaggio estraneo alla politica, imponeva la sua presenza fisica e una diversa prossemica degli incontri ufficiali. Quest'uomo sorrideva sempre, e per far sorridere anche gli altri raccontava barzellette.

Berlusconi, come modi politici, è la versione svuotata di senso di La Pira. Il fumetto grottesco che sta al sindaco santo come Platinette a Marylin Monroe. Una terribile metafora dei nostri anni.

38
la Specola

Il 21 febbraio 1775, in un palazzo di via Romana vicinissimo al Palazzo Pitti, acquistato allo scopo dalla famiglia Torrigiani, Pietro Leopoldo d'Asburgo Lorena, granduca di Toscana, inaugura l'Imperial Regio Museo di Fisica e Storia Naturale, che si chiamò sempre la Specola per quell'osservatorio astronomico sistemato sul torrione. Lo volle aperto al pubblico, primo museo del mondo, per la sua fiducia nella cultura scientifica e nei suoi benefici. Il popolo avrebbe potuto visitarlo dalle otto di mattina alle dieci, lasciando poi il posto alle «persone intelligenti e studiose» fino all'ora del desinare.

Quando nel 1737 morì Giangastone, l'ultimo dei Medici, il Granducato di Toscana andò a Francesco III d'Asburgo. Fu lui a chiedere a Giovanni Targioni-Tozzetti, medico e naturista, l'inventario preciso del materiale scientifico raccolto nelle collezioni medicee. Felice Fontana, insegnante di logica, fisico, chimico e fisiologo, primo direttore del museo, girò il mondo per raccogliere nuovo materiale, libri e pezzi rari. Nel 1820 l'architetto Pasquale Poccianti, su commissione di Ferdinando III, costruì il corridoio che unisce il museo al Palazzo Pitti, simmetrico a quello Vasariano, tramite il quale il palazzo, abitazione privata dei sovrani, sarebbe stato unito al Palazzo Vecchio, sede del governo e degli uffici pubblici.

Nel 1824, alla morte di Ferdinando gli succede il figlio Leopoldo, che i fiorentini chiamavano «Canapone» per il colore biondo dei capelli. Fu lui a commissionare la Tribuna di Galileo, una grande sala al primo piano in un inedito stile neoclassico, all'architetto Giuseppe Martelli. Leopoldo II fu l'ultimo sovrano, quello sorpreso dal nascere dell'Italia. Sotto il suo governo la Specola diventa sede dell'università.

È un posto strano, la Specola. Non sembra neanche di stare a Firenze. È un altro pezzo di Inghilterra. C'è questo senso di vuoto, per esempio, che dà le vertigini. Impossibile in città pagare un biglietto e non dover fare a spallate per vedere. Qui regna un silenzio da chiesetta inglese di campagna, da piccolo museo di cimeli annesso a chiesetta inglese di campagna. E soprattutto lo stesso orgoglioso distacco polveroso.

Le prime stanze contengono gli insetti, le conchiglie, farfalle e ragni. Un universo di cose minuscole, attentamente catalogate e raccolte dentro vetrine con le pareti di legno. Tutte intorno alle pareti, e alcune al centro, da guardare dall'alto. Proseguendo ci sono le stanze con gli animali grandi, quelli veri. Felini, uccelli, pesci, mi verrebbe da dire impagliati ma non sono sicura che si possa impagliare uno squalo o un pesce palla. Diciamo immobilizzati, con tecniche che non voglio neanche sapere. Un universo di bestie che ti osservano da dietro un vetro, sorprese in pose che vorrebbero essere d'attacco, con gli occhi sgranati e le bocche aperte, una zampa avanti all'altra.

Io a casa ho un leone. È grande non più di un maglione arrotolato, e sta sul televisore. Ha una gran criniera e la bocca spalancata, una zampa avanti e una dietro. Me l'ha regalato un ragazzo sudanese, per Natale. Ce l'aveva nella sua stanza di profugo, disadorna e pulita. Lo avevo notato subito, era strano un pupazzo nella stanza di un adulto, un uomo alto due metri in lotta per sopravvivere. Quando me l'ha offerto mi sono commossa, ma non potevo rifiutare. Mi ricordo che in quelle sue mani gigantesche il leone sembrava un portachiavi.

Ognuno di loro, in quel capannone diviso in stanzette e trasformato in rifugio, aveva un animale, avevo scoperto poi. È la nostalgia, dicevano. Nelle vostre città, dicevano, ci manca la natura. Quando la mia amica Emi dorme a casa mia, sposta il leone. La mattina lo trovo nascosto da qualche parte, lontano. Dice che la notte la guarda, e le mette paura.

Chissà come facevano a dormire nei castelli tra i trofei, quelle terribili teste appese per il collo al muro. Ce ne sono anche qui, alla Specola. Io, come tutti immagino, penso sempre al resto del corpo quando vedo i trofei. Al busto, la pancia, le zampe, la coda. Tutto quello che manca mi sembra che sia dall'altra parte del muro. Come al luna park, quei fondali dove infili la testa e sotto hai il corpo di un uomo primitivo, o il lottatore del circo, o la bagnina super figa. Per non aver paura penso a una cosa stupida, una cosa tipo Willy il Coyote. Penso che i bufali o le alci hanno preso una rincorsa troppo lunga e non sono riusciti a frenare. Così hanno bucato il muro con la testa e si sono ritrovati incastrati. L'unica cosa che non penso mai è che sono cadaveri.

Tutti questi animali, e gli scheletri, sono così ben messi, lindi e conservati che non fanno pensare alla morte. Forse la cosa più suggestiva e meno fiorentina del museo della Specola è che non hai mai l'impressione di un universo defunto, di una visione postuma. Deve essere la differenza tra l'epica e la storia. Queste creature sono mitologiche, eterne, epiche appunto, non sono personaggi di un tempo. Non sono mai appartenute a nient'altro che a questo loro racconto, a questa loro dimora che è una specie di sogno. Malgrado la vita, certo, ma di quella vita precedente qua dentro non c'è memoria. Sono nati qui, già immobili.

Poi ci sono le cere. Concepite come un trattato tridimensionale per insegnare l'anatomia, sono circa mille e quattrocento pezzi, realizzati tra la fine del settecento e l'inizio dell'ottocento da alcuni geniali modellatori, il più famoso dei quali è Clemente Susini. Eseguivano le dissezioni sui cadaveri portati dall'Arcispedale di Santa Maria Nuova (no, non aprirò una parentesi sulla parola «arcispedale», anche se ce ne sarebbe bisogno). In base a questi pezzi dissezionati venivano fatti i modelli in argilla da cui si ricavavano i calchi in gesso nei quali veniva poi colata la cera (o meglio, un miscuglio di cere, resine e coloranti di cui non sappiamo esattamente la composizione) per realizzare i modelli definitivi, che poi venivano assemblati e rifiniti.

Corpi e pezzi di corpi. Entrando nelle stanze che contengono queste stupefacenti cere, del tutto simili a corpi umani, non sembra però di vedere esseri umani. Colpisce la secchezza, la schiettezza del materiale, la sensazione quasi fisica di pulizia. Come conchiglie scarnificate dal lungo lavoro del mare. Ma non è la pulizia ad allontanare dall'idea di umanità. Forse è la perfezione, ma soprattutto, credo, lo scarto. Quella impercettibile differenza che c'è tra la vita e l'arte. Dove quest'ultima è tutta e sempre a favore di chi guarda. La vita è meno fotogenica.

Sulle pareti, in vetrine molto simili a quelle dell'opossum e della zebra, ci sono gli organi. Cuori con tutto il reticolo di vene, fegati, stomaci, cervelli, uteri vuoti e uteri pieni, con feti ripresi nelle varie fasi di sviluppo. Arti, piedi, mani, occhi, nasi, polmoni. Al centro invece, adagiati dentro teche dalle pareti di vetro come quella della bella addormentata, giacciono i corpi interi. Ce n'è uno per ogni specialità: sistema venoso, sistema nervoso, sistema linfatico... Sono uomini e donne con gli occhi aperti, che ti guardano con serenità e un distacco aristocratico, ma senza pelle, con i muscoli esposti, alcuni addirittura col ventre spalancato e gli organi sparpagliati fuori, o scucchiaiati via per far vedere cosa c'è sotto. Non fanno né paura né schifo. Si offrono umilmente come campo di battaglia.

«Firenze, costruita dai soldati di Silla, abbellita dai triumviri, distrutta da Totila, ricostruita da Carlo Magno, ingrandita a spese dell'antica città di Fiesole, di cui oggi si scorgono ormai solo le rovine, per gran tempo in preda a lotte intestine, soggiogata dai Medici, che dopo averla governata per duecento anni, finalmente la cedettero alla casa dei Lorena, al pari della Toscana di cui è capitale, è ora retta da Leopoldo, arciduca e fratello della regina di Francia, principe dispotico, orgoglioso e ingrato, dedito alla crapula e al libertinaggio come tutta la sua famiglia.»

È il marchese De Sade, in *Storia di Giulietta o la prosperità del vizio*. In questo modo introduce il racconto della visita della giovane e della sua amica nella villa medicea di Pratolino, ospiti dell'arciduca Leopoldo. Nell'ambito di una serie di *performances* erotico-sessuali, le due ragazze avranno il privilegio di assistere al sommo dei piaceri dell'arciduca: squartare la pancia di donne da lui precedentemente ingravidate per estrarne i figli e ucciderli.

Pance sventrate.

In un bellissimo saggio intitolato *Aprire Venere. Nudità, sogno, crudeltà* il critico francese Georges Didi-Huberman analizza le rappresentazioni di Venere nella cultura fiorentina da Botticelli alle cere anatomiche della Specola, individuando come tratto di unione il tema del «vulnus», la ferita. Abbandonata la purezza impenetrabile, invulnerabile appunto, della Venere, Botticelli, forse anche lui ossessionato dalle prediche di Savonarola, ripensa con gli anni l'idea del nudo e della bellezza. Stringe i fianchi che furono sontuosi nella Venere e nella Primavera, rimodella i seni, striglia i capelli per allontanare la voluttà, indurisce addirittura i lineamenti verso un modello più androgino. Fino ad arrivare a quel capolavoro di rappresentazione del senso di colpa, psichico e contorto, attraversato da un novecentesco continuo sbocco di correnti inconsce, che sono le quattro tavole della storia di Nastagio degli Onesti, ispirate a Boccaccio.

Il racconto e le immagini parlano di un uomo, innamorato invano di una donna. Imbattutosi per caso in una caccia fantastica – nella quale un altro uomo, anch'egli innamorato di una donna crudele e per questo morto suicida, ogni notte ripercorre il suo martirio e quello della donna, inseguita dai cani che la sbranano spargendone le interiora tutto attorno –, decide di allestire un banchetto e invitare la sua bella, perché possa vedere lei stessa quale sarebbe il suo destino se persistesse nella sua crudeltà. Dice Boccaccio che la donna, quella viva, si convinse. Nelle tavole si vede una Venere sdraiata per terra, alla quale l'uomo spalanca un orribile ferita sul corpo, eviscerandola.

Pance sventrate.

Nel suo viaggio in Italia, De Sade arriva a Firenze. Trova disgustoso il clima e poco attraenti le persone, scarta le chiese per idiosincrasia e visita subito la Galleria degli Uffizi. Rimane ovviamente incantato di fronte alla Venere dei Medici, che definisce «la cosa più bella che abbia mia visto in vita mia». Si tratta di una statua di marmo del I secolo a.C., una donna nuda le cui braccia incrociate cercano invano di mascherare il seno piccolo e morbido e il sesso glabro.

Ma c'è un'altra Venere dei medici, e in questo caso si scrive con la minuscola perché per medici si intendono i dottori. Questa statua, opera di Clemente Susini, sta appunto al museo della Specola. Anche questa è una donna nuda, ma gravida, con una lunga chioma di capelli scuri che le scende sulle spalle e fino ai fianchi. Sdraiata su un lenzuolo bianco steso su un cuscino rosa. Un'immagine di pace mista a un desiderio pacato, coniugale, con lo spacco tra le cosce addirittura ricoperto di una leggera peluria. Una bellissima donna addormentata.

La cui pancia però si apre. Il filo di perle apparentemente insensato sul corpo nudo serve infatti a mascherare un taglio, il punto nel quale sotto il collo la pelle si stacca. Come un coperchio, il busto si apre fino alle anche scoprendo le fasce muscolari, le costole su un lato e una mammella sull'altro. E strato dopo strato si svela ancora e rivela i polmoni, le anse intestinali, e più sotto ancora il cuore, e l'intricato disegno dell'intestino liberato dalla copertura dell'omento e infine stomaco fegato duodeno, reni e utero, nel quale è nascosto il feto abbracciato a se stesso. Una matrioska di cera, il cui ultimo, segreto, strato non è altro che un nuovo inizio.

39
Cango

Prima di essere ammessa all'Accademia d'arte drammatica a Roma e dopo aver fatto per un numero di anni che non ricordo il primo corso del centro di avviamento all'espressione di Orazio Costa, feci il provino per entrare alla Bottega Teatrale di Vittorio Gassman. Ero già iscritta all'università e affrontai la prova con atteggiamento di sufficienza. Mi sentivo, al solito, disgustata da quella massa di persone che, a differenza di me, non aveva capito né come si affronta un provino né per quale motivo si diventa attori. Che non è certo quello di recitare e tantomeno, come mi insegnava il metodo Costa, di diventare bravi a recitare. Superata la prima prova, che consisteva, capisco adesso col senno di poi, nella semplice scrematura dal gruppo degli inevitabili psicopatici tra quelli che avevano spedito la domanda, fui clamorosamente trombata.

Attribuii il mio fallimento alla miopia di un certo Giuranna, il cui nome ancora oggi suscita in me un rigurgito di rabbia, l'uomo incaricato dal maestro di selezionare la ciurma. Miope e corrotto, inadatto a riconoscere talenti. Nella prima prova, non avevo visto intorno a me nessuno che potesse rivelarsi più bravo di me. Chi avevano preso? La ragazza bassina seduta in prima fila? Lo spilungone con la maglietta bianca finto insanguinata, una lama piantata in petto e la scritta: «Ho fatto il provino in bottega e mi hanno accettato»? Proprio lui, lo spiritosone, o la ragazza rossa, bella come l'attrice di un film di Tarkovskij?

Eravamo tutti dentro una stanza, accatastati su troppo poche sedie. Talmente tesi che neanche alzavamo la testa. Però il palcoscenico me lo ricordo. Con una gradinata intorno e le colonne davanti. Quella che fu per anni la sede della Bottega di Gassman era stato il Saloncino Goldoni. Faceva parte di un complesso chiamato «Delices Goldoni», voluto dall'impresario Luigi Gargani come sede dei divertimenti teatrali della famiglia Lorena. Per costruirlo, fu acquistata nel 1807 tutta l'area che apparteneva al monastero di San Vincenzo di Annalena, una zona compresa tra via Romana, via de' Serragli e via di Santa Maria. Il complesso, oltre al Saloncino progettato da tale Ridolfo Castinelli, comprendeva un grande teatro all'italiana (l'attuale teatro Goldoni) e un'arena per spettacoli estivi, dove si trova ora un cinema, chiuso da tempo.

Prima di essere assegnato a Gassman, il Saloncino aveva ospitato per un periodo la compagnia di Tadeusz Kantor, il Cricot 2, durante l'allestimento di *Wielopole-Wielopole*. Nel Saloncino, che adesso si chiama Cantieri Goldonetta (Cango), c'è una targa che ricorda il passaggio del maestro.

Il direttore artistico dei Cango adesso è Virgilio Sieni, danzatore e coreografo, anima della compagnia che oggi porta il suo nome e che fu, con un organico diverso, la Parco Butterfly degli anni ottanta. Quando abbiamo iniziato i restauri, mi spiega gettandomi nello sconforto, lo spazio era chiuso da vent'anni. Per dire tantissimo tempo.

Mi ricordo con orrore quando realizzai che gente nata negli anni settanta aveva smesso di cacare nei pannolini. Adesso sono presidenti di società, qualcuno di loro è già in pensione. Quanti anni hai, chiedo a Virgilio Sieni per tirare il freno a mano dell'ansia. Cinquanta. Sorride. È un bell'uomo, i danzatori non smettono mai di essere belli, beati loro.

Ho lavorato insieme agli architetti sul progetto, perché non capitasse, come capita, che congedassero un luogo bellissimo ma inutilizzabile. Acustica, rapporti tra palcoscenico e platea, uscite di sicurezza. Dati con i quali un artista ha più familiarità di un architetto. In ogni caso, per non sbagliare, il palcoscenico non l'abbiamo fatto per niente.

Entriamo dentro i Cango dalla via Santa Maria, proprio accanto al teatro Goldoni. La prima cosa che mi viene in mente è il titolo di uno degli ultimi spettacoli di Virgilio Sieni: *Empty Space Requiem*. Vuoto, silenzio. Una porta divide l'ingresso dalla sala principale, alla quale si accede passando attraverso quattro colonne gigantesche. Sul lato opposto un colonnato identico segna il confine. Prima c'era un muro, mi racconta Virgilio Sieni, l'abbiamo tolto. Oltre doveva esserci l'accesso al giardino e all'arena. Adesso c'è un'altra sala, attrezzata con una gradinata per lo spettacolo in corso, *L'apparenza inganna* di Thomas Bernhard, con la regia di Tiezzi. L'ex Saloncino ha i soffitti altissimi, così alti che ai due lati, sopra le colonne, ci sono due giganteschi «soppalchi» praticabili, dove era alloggiata l'orchestra. Sul lato lungo c'è invece una nicchia, alla quale si accede da una scala a chiocciola.

I Cango sono bellissimi. Un luogo poco fiorentino per la sua modernità, ma che, nello stesso tempo, sarebbe impossibile da trovare in qualsiasi altro posto del mondo. Stabiliscono un precedente molto interessante per la città. Nella solita linea dell'occupazione forzata di luoghi storici da parte di istituzioni moderne, i lavori per i Cango non sono stati timidi, non si sono limitati a un computer poggiato su un tavolo, all'impianto elettrico rimodernato. Senza complessi di inferiorità, hanno finalmente imposto una bellezza contemporanea, fatta di ferro e vetro, a un palazzo ottocentesco.

40
l'Isolotto

Prima di salutarlo, chiedo a Virgilio Sieni dove abiti. Sono curiosa di sapere dove abbia ritrovato la sua città, dopo essere stato per tanti anni in giro per il mondo. Sono tornato nel posto dove sono nato, mi risponde, all'Isolotto. Ci sto bene, ho in testa anche alcuni progetti da realizzare con le persone del posto.

L'Isolotto non è un quartiere come gli altri, non è un agglomerato di case con strade dai nomi di scrittori, o fiumi, generali o eroi della stessa guerra. È una piccola comunità, le case hanno ancora un prezzo abbordabile e c'è meno ferocia e spaesamento che al centro.

Il quartiere dell'Isolotto deve il suo nome a un grumo di terra sull'Arno, un'isola appunto che stava là sotto, sotto le sponde delle Cascine. Scomparsa da quando, in seguito a una serie di studi di Leonardo da Vinci, fu deciso di creare un argine alto e potente ai lati del fiume, l'Argin Grosso che oggi dà il nome alla strada. Sarebbe servito a dar sfogo alla piena senza danneggiare le popolose zone che si estendevano lungo la via Pisana. Prima che fosse bonificata, quest'area della città veniva chiamata Sardinia, che significa terra malsana. Dopo la creazione dell'argine, l'isola scomparve.

Sul lato opposto alle Cascine, la riva sinistra, su una superficie di circa sessanta ettari, l'Ina-Casa in accordo col Comune fa progettare un complesso di abitazioni sul modello dei quartieri-giardino inglesi e della tradizione scandinava: case basse, molto verde, strade piccole e pedonali. Prima dei lavori di costruzione, all'Isolotto c'erano un lazzaretto e un cimitero di cavalli, una discarica di rifiuti nella quale andavano a frugare un gruppo di cernitori, che si chiamavano tra loro «la tribù dei serpenti gialli». Chissà, forse per via dei vestiti, o del colore della pelle che non doveva essere brillante. Morivano giovani, di setticemia o tubercolosi, contratte tra i miasmi della spazzatura.

Lo chiamavano Bronx o anche Corea. L'unico mezzo a disposizione per raggiungere il centro era l'autobus numero 9, che si fermava spesso in salita costringendo tutti quanti a scendere per spingerlo.

Le vie dell'Isolotto, nella parte più vicina al ponte della Vittoria, sulla sinistra del Lungarno del Pignone, hanno nomi di fiori. Sono viuzze strette, piene di biciclette, che si dipartono dalla via principale: via dei Bambini. Dicono che questo sia il quartiere della città che offre più giochi e spazi verdi pubblici, una specie di paradiso dei bimbi. A camminarci in mezzo dà un'idea di pace. Incontro alcuni anziani con le borse della spesa, una coppia di adolescenti che ha fatto forca a scuola e, seduta su una panchina, si infila ogni cosa possibile in ogni cosa possibile, come una statua di Laocoonte in movimento silenzioso e lentissimo, braccia gambe lingue, nasi, dita.

Bisognerebbe fare uno studio sul motivo per cui nelle varie città si usano espressioni tanto diverse per indicare la stessa attività, il non andare a scuola. Marinare, fare sega, fare filotto, bigiare. Fare forca. Malgrado sia propensa a credere che niente significa niente, che quanto accade risponde esclusivamente al caso, mi colpisce che noi bambini fiorentini usassimo una variante tanto feroce. Forse ha un'etimologia diversa, ma mi ha sempre fatto pensare a gente con chiodi e martelli, pronta a issare congegni dell'orrore ai quali appendere quaderni e insegnanti, compagni, bidelli e compiti in classe. Una specie di foresta della tortura, dove giustiziare ciò che è indigesto. Come il povero Savonarola. Anche giocare a flipper in qualche bar, o rotolarsi nei giardini di Boboli, incastrarsi l'uno dentro l'altro sulle panchine dell'Isolotto ci fa pensare alla morte. Qualcuno chiama questa attitudine di noi fiorentini «austerità».

Quelle case intorno al viale dei bambini sono le più vecchie e anche le più belle. Non perché siano più vecchie, non sempre l'anzianità è garanzia di bellezza, anzi. Ma perché sono più vecchie di quelle costruite negli anni sessanta e settanta, il terribile ventennio della cosiddetta architettura dei geometri. Quale vuoto di potere e di intelligenza permise il proliferare dell'estetica del casermone, del condominio senza grazia, dell'edificio che iniziava a marcire prima ancora di essere terminato? Che cosa avvenne in quegli anni in Italia che consentì ai costruttori di tirar su robaccia con materiali scadenti e senza alcun tributo non dico alla bellezza ma almeno al buon senso ambientale? Neanche l'Isolotto sfuggì al massacro e quanto si costruì nella seconda stagione dei cantieri, porta sulle spalle la tara del gusto imperdonabile di quegli anni.

Ma quelle case invece, coi giardini e le scalette, i fiori ai balconi e i tetti bassi, sono belle. Quando il 6 novembre 1954 Giorgio La Pira, sindaco di Firenze, consegna agli assegnatari le chiavi delle prime mille case disponibili del neonato quartiere dell'Isolotto, pronuncia un celebre discorso. Dice: non case, ma città. Dice, citando Leon Battista Alberti, «la città è una grande casa per una grande famiglia». Rivela così qual era l'utopia che sosteneva il grande progetto approvato da Mario Fabiani, il vecchio sindaco comunista. Da La Pira ostinatamente portato avanti, nell'ambito di una coraggiosa politica sugli alloggi, che attirò su di lui anche critiche violente, tra le quali quella di Indro Montanelli che lo attaccò sul «Corriere della Sera» per la scelta di requisire le case sfitte per le famiglie in difficoltà. Di fronte alle emergenze, come accade nella crisi dei licenziamenti, La Pira reagisce con scelte drastiche e anche scomposte. Ma quando ha tempo per distendere la sua teoria, sogna luoghi vivi, con scuole e giardini, servizi e mezzi di trasporto. Organismi autonomi, satelliti collegati tra di loro ma dotati ognuno della propria anima.

La Pira fu tradito, mi racconta don Mazzi, gli dettero i soldi per far le case ma non quelli per fare i servizi che voleva. Fu tradito. La Pira sapeva che a Torino e Milano gli operai dormivano nei letti a castello, oppure in due nello stesso letto scambiandosi il giorno e la notte a seconda dei turni. Non voleva riprodurre quelle condizioni, voleva una città nella città. Ma nel 1954, quando entrammo, c'erano mille alloggi e nessun servizio, di nessun genere. I bambini furono mandati in una scuola pubblica a due chilometri di distanza. Non c'erano autobus, non c'erano macchine. Allora La Pira fece costruire almeno queste baracche di legno. C'era il rischio che diventassero definitive, nella testa di chi avrebbe dovuto stanziare i fondi per quelle in muratura. Ma almeno c'erano. Però i bambini prendevano la bronchite per l'umidità, e i topi scorazzavano.

Le baracche, nelle quali incontro don Mazzi, sono ancora lì. Una di queste ospita la biblioteca dove io andavo a studiare con scarsi risultati il metodo mimico di Orazio Costa. Quando diventai parroco all'Isolotto, mi racconta don Mazzi, andai a trovare La Pira, in Comune. Mi ricevette e mi disse: sono lieto, rallegra il cuore della gente con tante feste.

Ci conoscevamo già. Apparteneva a un'élite culturale cattolica che si era proposta di avvicinarsi al popolo. Padre Turoldo, Fioretta Mazzei, padre Balducci. Professavano una forte spinta a immedesimarsi nella vita della gente, a rinascere nella gente.

Noi non avevamo nulla, e non avevamo nulla da perdere. Eravamo proiettati verso il nuovo. Come gli stranieri migranti di adesso. Erano anni diversi da questi. La gente che arrivava all'Isolotto era sperduta. Venivano dalla campagna o da altri quartieri della città dai quali erano stati sfrattati, erano profughi istriani, italiani del sud. Tutte persone sradicate, per le quali era necessario ricostituire prima possibile un tessuto, una comunità di appartenenza. La chiesa divenne un luogo di incontro e di scambio. Come primo gesto per avvicinarci ai fedeli girammo l'altare.

La chiesa fu costruita dalla parte opposta rispetto al Palazzo dei Diavoli, ultimo avamposto della città. Moderna, enorme, un po' glaciale. Così grande che fu messa a disposizione per le riunioni sindacali degli abitanti, durante la stagione calda degli scioperi della Galileo. Provocando l'indignazione della Chiesa di Roma: ma come, i comunisti nella casa di Dio, davanti all'altare? Levate il Cristo, a che non sia profanato! Il cardinale Della Costa rispose che nessuna madre avrebbe chiuso la porta in faccia ai propri figli in tanta pena per il posto di lavoro. E quanto al Santissimo, stava bene dove stava.

Il crocifisso di Primo Conti, grande sul fondo, è blu. In una cappella c'è la sinopia di un affresco: la *Madonna in trono con*

Bambino, i santi e gli angeli di Bicci di Lorenzo. L'affresco stava nel tabernacolo di via Palazzo dei Diavoli angolo via dei Mortuli, distrutto nei famosi anni settanta per far posto a chissà cosa. Adesso è stato spostato in un nuovo tabernacolo, accanto all'Oratorio di Santa Maria delle Querce. Per vederlo bisogna chiedere le chiavi al parroco. Chissà perché non è stato messo nella chiesa. Forse perché nella chiesa ci stavano i comunisti.

Le chiese mi imbarazzano, ma le chiese brutte mi gettano nello sconforto. Questa non è brutta come il lanciacristi, almeno da fuori ha una sua indubbia sobrietà, ma è glaciale. Sembra un capannone per la Fiera della Sposa, un *outlet* in provincia di Pisa. Ci rimango il tempo necessario per capire la questione dell'altare.

Enzo Mazzi e Sergio Gomiti lo fecero costruire al contrario, per dirci messa rivolti ai fedeli e non alla croce. *Coram populo* e non più *coram deo*. Un principio che fu ratificato solo alcuni anni più tardi, nel Concilio Vaticano II, indetto da Giovanni XXIII e proseguito da Paolo VI (1962-1965). La messa diventava conviviale, un rito al quale l'assemblea partecipava attivamente, non più da spettatrice. Tra le tante idee di Benedetto XVI per rendere la nostra esistenza meno «relativizzata», c'è anche quella di recuperare alcuni dettagli del rito preconciliare, tra i quali la posizione dell'altare. In questa prospettiva, da questi nostri anni l'operato di Enzo Mazzi e Sergio Gomiti appare ancor più rivoluzionario.

Nasce intorno alla chiesa il mito dell'Isolotto.

Dicono che l'Isolotto sia nato due volte. La prima alla consegna delle chiavi e la seconda nel 1968, quando ci fu il violento scontro con l'arcivescovo Florit, che aveva preso il posto del cardinale Della Costa, alleato di La Pira e difensore di quel cristianesimo di base che nel quartiere fiorentino guidava le scelte dei parrocchiani. Ci furono prese di posizione che non piacquero all'arcivescovo, appelli al papa, testimonianze dei fedeli. Ci furono essenzialmente due opinioni diverse rispetto al ruolo della Chiesa, due opinioni inconciliabili. Don Enzo Mazzi fu cacciato via dalla Curia e al suo posto fu insediato un altro prete che officiò messa, per anni, nella gigantesca e gelida chiesa completamente vuota.

I fedeli erano tutti fuori, ad ascoltare ancora le parole di don Mazzi, che ogni domenica celebrava nella piazza la messa intorno alla quale si erano raccolti negli anni più duri, e che volevano continuare ad ascoltare nonostante gli arcivescovi.

Erano gli anni della scuola di Barbiana, di don Milani, di padre Balducci, della comune di Danilo Dolci e delle battaglie pacifiste di Aldo Capitini, di grandi teorici che si trasformavano in operai del pensiero, che combattevano sul campo contro l'aristocrazia frigida della dottrina. Anni nei quali lo stesso La Pira fece un passo indietro, rinquadrato nei ranghi, incapace di accogliere fino in fondo la richiesta della gente. Era in ostaggio della Democrazia cristiana, dice sottovoce don Mazzi. Mentre mi parlava della nascita dell'Isolotto e di quegli anni, io continuavo a pensare a Goffredo Parise. Avevo letto da poco il discorso che aveva pronunciato nel ricevere una laurea *honoris causa*, pubblicato in un'antologia di scritti che prende il titolo proprio da quel discorso: *Quando la fantasia ballava il boogie*. Dove non si parla di ballo, ma di tempo, ritmo, di quella parola inglese intraducibile in italiano se non nel suo significato metaforico di libertà.

«Questa libertà non era dovuta soltanto alla fine della guerra, anche se coincise con essa, né agli schieramenti che combatterono, né alla vittoria dell'uno e dell'altro, né alle parti politiche. Vista a distanza la libertà, e con essa il massimo di libertà di immaginazione possibile, giunse in Europa e nel mondo perché doveva giungere, perché non poteva non giungere, indipendentemente dagli anni di guerra, senza precise cause e senza precisi effetti: giunse, come si dice sbagliando, dal cielo. Ecco il dio a cui va dato l'onore. La libertà è un grande scoppio di energia vitale e centrifuga. Bisognava fare tutto, dal cibo ai grattacieli. Fu il momento dell'azione e ancora una volta quel magnifico boogie divenne l'inno mondiale dell'azione dei corpi nella loro massima espressione di libertà pratica, immaginativa e spirituale: corpo e cervello si accordavano perfettamente per esprimerlo, la vitalità ne era l'impulso quasi meccanico.»

La libertà viene dal cielo, come quasi tutto. Lasciando l'Isolotto penso che certe strade sono belle e altre sono brutte, anche il fiume non è sempre un dono. Questo quartiere è venuto su come gli altri, un po' a caso un po' no, un po' per forza e un po' con qualche idea. Su un terreno che era una schifezza, gomito a gomito con i morti. Eppure ci si sta bene, è vero, ha un'anima, come diciamo per semplicità.

Una volta, non molto tempo fa, lessi un articolo di Sandro Veronesi, bello e semplice. Lo scrisse su «Rolling Stone» in occasione della morte di Hunter Thompson, l'autore di *Paura e disgusto a Las Vegas* e soprattutto l'inventore del concetto di «gonzo journalism». Una maniera di fare reportage per la quale lo scrittore e i fatti si pongono sullo stesso piano, dando per scontato che dalla cronaca pura non può uscire nessuna verità. Veronesi diceva una cosa bella e semplice a proposito dei sognatori.

Diceva che avevano perso. Che negli anni sessanta sembrava che potessero farcela, che mancasse pochissimo a che il mondo andasse dove avrebbero voluto loro, ma poi, e qui citava le parole di Hunter Thompson, l'onda si era spezzata ed era ritornata indietro. L'utopia era stata sconfitta, e la paura aveva ripreso il sopravvento. Il Vecchio Ordine Mondiale era stato restaurato. Ma, concludeva Veronesi, proviamo a pensare come sarebbe andata se non fossero esistite le armi da fuoco. Proviamo a immaginare che cosa sarebbe accaduto al mondo se l'intelligenza, la capacità, il coraggio, avessero potuto farsi strada senza trovarsi davanti i cannoni.

«Dite, giovani, che è un sogno?» conclude La Pira nel suo discorso del 1954, alla consegna delle chiavi dei primi appartamenti all'Isolotto. «Sia pure: ma la vera vita è quella di coloro che sanno sognare i più alti ideali e che sanno poi tradurre nella realtà del tempo le cose intraviste nello splendore dell'idea!»

FINE

Materiali

Elizabeth Barrett Browning, *I sonetti dal portoghese*, BUR, Milano 2000.

Romano Bilenchi, *Amici*, Rizzoli, Milano 2002.

Giovanni Comisso, *Mio sodalizio con De Pisis*, Garzanti, Milano 1954.

Dino Campana, *Canti orfici*, Vallecchi, Firenze 1973.

Truman Capote, *Il duca nel suo dominio*, Mondadori, Milano 2004.

Caro Giorgio... Caro Amintore... 25 anni di storia nel carteggio La Pira-Fanfani, Edizioni Polistampa, Firenze 2003.

John Maxwell Coetzee, *La vita degli animali*, Adelphi, Milano 2003.

Georges Didi-Huberman, *Aprire Venere, Nudità, sogno, crudeltà*, Einaudi, Torino 2001.

Oriana Fallaci, articolo dal «Corriere della Sera», 29 settembre 2001.

Rodrigo Garcia, *Il bello degli animali è che ti vogliono bene senza chiedere niente*, in Id., *Sei pezzi di teatro in tanti round*, Ubulibri, Milano 2003.

Mariangela Gualtieri, *Senza polvere e senza peso*, Einaudi, Torino 2006.

Ernest Hemingway, *Un'estate pericolosa*, Mondadori, Milano 1986.

Etty Hillesum, *Diario. 1941-1943*, Adelphi, Milano 1985.

Arno Holz, *Ignorabimus*, Ubulibri, Milano 1986.

Giorgio La Pira, *L'attesa della povera gente*, L.E.F., Firenze 1983.

Giorgio La Pira, *Immagini di Storia*, Edizioni Polistampa, Firenze 1997.

Thomas Robert Malthus, *Saggio sul principio di popolazione*, Torino, Einaudi 1977.

Giorgio Manganelli, *La favola pitagorica*, Adelphi, Milano 2005.

Elio Pagliarani, *La ragazza Carla*, in Id., *La ragazza Carla e altre poesie*, Mondadori, Milano 1961.

Giovanni Papini, *Discorso contro Firenze*, in *Opere*, vol. VII, Mondadori, Milano 1961.

Goffredo Parise, *Quando la fantasia ballava il boogie*, Adelphi, Milano 2005.

Charles Poletti, *Governatore d'Italia*, a cura di Lamberto Mercuri, Bastogi, Foggia 1992.

Donatien-Alphonse-François Sade, *Vita di Giulietta o la prosperità del vizio*, in *Opere Scelte*, Feltrinelli, Milano 1962.

Donatien-Alphonse-François Sade, *Viaggio in Italia, ovvero Dissertazioni critiche, storiche e filosofiche sulle città di Firenze, Roma, Napoli e Loreto, e sulle strade adiacenti a queste quattro città. Opera in cui ci si è impegnati a sviluppare gli usi, i costumi, la forma di legislazione ecc., riguardo tanto all'epoca antica quanto alla moderna, in una maniera più particolareggiata e più ampia di quanto non paia essersi fatto finora*, Bollati Boringhieri, Torino 1996.

Toti Scialoja, *Amato topino caro*, Bompiani, Milano 1971.

Pier Vittorio Tondelli, *Un weekend postmoderno*, Bompiani, Milano 1990.

Pier Vittorio Tondelli, *Camere separate*, Bompiani, Milano 1991.

Pier Vittorio Tondelli, *Scenari fiorentini*, in Fulvio Panzeri, Generoso Picone, *Tondelli. Il mestiere di scrittore. Un libro intervista*, Bompiani, Milano 2001.

Alberto Viviani, *Giubbe Rosse, il caffè fiorentino dei futuristi negli anni incendiari 1913-1915*, Vallecchi, Firenze 1933.

Ringraziamenti

Un grazie a Rita Spina che, oltre a essere autrice della cartina, ha ospitato, insieme ad Antonio, Matteo e Agnese tutti i ritorni a Firenze di cui ho avuto bisogno per scrivere questo libro. A Emanuele Trevi che mi ha fatto conoscere Didi-Huberman e molto altro, e a tutte le persone che mi hanno aiutato a ricordare.